江戸幕末滞在記

若き海軍士官の見た日本

E. スエンソン
長島要一　訳

学術文庫版へのまえがき

本書が新人物往来社より日本見聞記シリーズの一冊として刊行されて十四年になる。その間に筆者は、専攻する森鷗外研究のかたわら、遅々としてではあったが日本・デンマーク文化交流史についての研究を進めてきた。その成果の一部は訳書としてヴィシェスラフツォフ『ロシア艦隊幕末来訪記』(新人物往来社、一九九〇年)、論文「デンマークにおける岩倉使節団――『米欧回覧実記』の歪み」(田中彰・高田誠二編「『米欧回覧実記』の学際的研究」、北海道大学出版会、一九九三年所収)、「駐函館デンマーク領事J・H・デュースについての覚書」(『地域史研究はこだて』二十号、一九九四年所収)、「大北電信会社の日本進出とその背景――シッキ公使の来日」(『日本歴史』五六七号、一九九五年八月号所収)として発表し、さらには副産物として『明治の外国武器商人』(中公新書、一九九五年)も発表した。『日本・デンマーク文化交流史、一六〇〇―一八七三年』と題したデンマーク語版の執筆も終わり、この秋に刊行される。

こうして徐々に日本とデンマークとの間の初期の文化交流史の全貌が明らかになるにつれ、歴史の分野では浅学の筆者が本書の初版にほどこしていた注に不備な点があるのに気づかされ、それを改める機会が訪れるのを長らく願っていたところ、新人物往来社と講談社の御好意でここにようやく実現する運びとなった。至福の一語につきる。

「鎖国」の時代に日本を訪れた外国人によって書かれた日本見聞記には、主なものだけでもケンペル、ツュンベリー、クルーゼンシュテルン、シーボルトらの著作があり、それぞれが発刊されるたびに外国（西洋）における日本に関する知識は量質ともに飛躍的な進歩を見せていた。けれどもそれは、徳川幕府によってあらかじめ枷《かせ》をはめられていた状況のもとに、言わば「点と線」からなる日本を観察するものであった。もちろんこれらの名著にはそれなりの歴史的文化的な意義があり、個々の描写には専門的に見てもきわめて優れたものがあるにもかかわらず、後代の目から見れば、平板の印象をぬぐいきれない。

概して二国間の交流史にはひとつのパターンがあり、まず遠くから距離をおいての観察、そして接近しての目だけによる観察、それから実際に接触があっても言葉が通じないために単発的な「物」が中心になる交流、さらには通訳を介してにしろ一応のコミュニケーションが成立し、ある一定の期間、相互の観察が可能な交流。ここまでが日本の鎖国時代に西洋諸国が経験した交流で、以後は、商取引にしろ、条約にしろなんらかの形で契約関係が結ばれ、お互いの利益が絡み合うようになるため、交流も複雑な様相を呈するようになる。

同様に日本見聞記も「開国」とともに質的転換を遂げた。幕末維新期には観察の対象としての日本が「点と線」から「平面」に移行し、外国人が訪れる地域が拡大するばかりでなく、外国人が接触する日本人の数も以前とは比べようもないほど増大した。もちろんその「平面」は列強諸国の政治的文化的な背景を反映するものであったし、歴史の偶然に左右されるものでもあった。フランス海軍に籍をおいて日本を訪れたデンマーク人スエンソンの『江戸幕末滞在記』もその例外ではなかった。ちなみに、明治期に至って外国人による日本見聞記は表面の観察から内部と背景の考察にも手を染めるようになって「立体化」する。そしてそれとともに描写の専門化も始まるのである。

本書は、徳川幕府崩壊寸前の日本を横浜と大坂を中心に描いてほかに類を見ない。洋の東西を問わず、幕末期の日本とフランスの外交について書かれた研究書がいくつかあるが（たとえば最近のものでは、鳴岩宗三『幕末日本とフランス外交』創元社、一九九七年や Richard Sims : French Policy Towards the Bakufu and Meiji Japan, 1854-95 London, 1998 がある)、スエンソンの観察以外には描写の得られない記事が、『江戸幕末滞在記』には多くある。フランス公使ロッシュの人物評しかり、パリに向けて横浜から出発する直前の徳川昭武や大坂城で四ヵ国公使と謁見する将軍慶喜の描写、来日したフランス士官たちの描写、日本の外国奉行や若き学生たちの描写、とどれをとっても、その場に居合わせ、好奇心のかたまりとなって弱冠二十四歳のスエンソンが観察して認めた記録は、貴重であるばかりでなく新鮮でみずみずしく、通説に異を唱える姿も若々しくて好感のもてるものであった。

本書は、初版中の不備な注をいくつか改め、語句を若干修正、訳文に補足的な説明を加えたほかは初版のままにしてある。巻末に、『日本・デンマーク文化交流史、一六〇〇—一八七三年』デンマーク語版の成果をふまえ、帰国後のスエンソンの活躍ぶりを紹介することにした。日本訪問の体験と東洋事情一般に関する知識をデンマーク経済界の大御所ティットゲン(一八二九—一九〇一)に買われ、新規に設立された大北電信会社の重要な駒として一八七〇年に再度来日し、長崎—上海間海底電信線敷設交渉で果たした役割、さらには、出世して大北電信会社の社長となり、明治期日本の電信政策の鍵を握る人物になったスエンソンについても、その横顔を素描してある。

スエンソンの日本との出合いは運命的であった。そしてきわめて好意に満ちたものであった。その端緒と第一印象が本書に記録されているのである。

岡目八目といわれるように、距離をおいて見る目は往々にして貴重であり、注目に値する。日本史の「常識」に疑問符が打たれている今日、幕末維新期に日本を訪れた外国人目撃者の証言を軽視したりせず、かれらの視点をも取り入れた「立体的な」記述を日本史にもたらすべきではないか。そうしてこそわれわれも、日本が世界の一部になった時代を総合的に描写できるようになるのだと思う。

二〇〇三年　秋

長島要一

序——スエンソンの『日本素描』について——

日本が「鎖国」をしていた間、西洋と日本を結ぶ唯一の窓口が長崎であったことはたしかであるが、その出島に来ていた西洋人がすべてオランダ人であったかというと、そうではない。出島のオランダ商館駐在員のなかには、オランダ東インド会社時代には会社の、そして会社解散後はオランダ政府の職員として滞在したオランダ人以外のヨーロッパ人も少なくなかったのであり、商館長自身がオランダ人でなかった例さえある。そうした人々のなかには、オランダ語以外のヨーロッパ語で日本滞在記を公にした人々がいる。十七世紀末のドイツ人エンゲルベルト・ケンペルとか、十八世紀末のスウェーデン人カルル・ペーテル・ツュンベリーとか、十九世紀前半のやはりドイツ人のフィリップ・フランツ・フォン・シーボルトがそれである。同じように、その「鎖国」日本の扉を開いた列強五ヵ国の使節一行のなかにも、当該国人以外の人々がいて、例えばペリー艦隊の画家ドイツ人ヴィルヘルム・ハイネはドイツ語で、通訳羅森《ロシン》は中国語でこの遠征のことを記述している。

本書の著者エドゥアルド・スエ

ンソンは、一八四二年デンマークで職業軍人の家庭に生まれ、フランス海軍に入り、開国後、攘夷《じょうい》の風潮のなかで居留民保護のためフランス軍が駐留する横浜を含む極東の戦略地点を巡航するフランス艦隊の一士官として、一八六六年八月十日（慶応二年七月一日）横浜に到着した軍人で、翌年夏日本を去ったが、ちょうどその間に、オランダ総領事を通じて一八六七年一月十二日（慶応二年十二月七日）に幕府と修好通商航海条約を結んだ母国デンマークに帰ると、コペンハーゲン刊行の「フラ・アレ・ランデ」誌にその日本訪問記を〈日本素描〉と題して一八六九年から翌七〇年にかけて連載して、デンマーク国民の対日関心の高まりに応えた。この二十四歳のとき幕末日本を見たデンマーク青年士官の印象記の発見者でもある訳者長島要一氏の表現に従えば、本書は「フランス文化のプリズムを通して異文化の国日本に接した記録」として注目されよう。

スエンソン自身は、当時ハリー・S・パークス公使に代表される西南雄藩支持のイギリスとは対照的に、レオン・ロッシュ公使に代表される幕府支持のフランスの利害の枠組のなかで日本を経験した。すなわち、一八六六年十一月（慶応二年十月）には提督ローゼとともに、修道士迫害に対する懲罰行動である朝鮮江華島攻撃に参加し、その帰途長崎で、当時ワーグマンも描いた十一月二十六日（十月二十日）の横浜大火の報に接し、六七年一月十三日（慶応二年十二月八日）のフランス軍事教官団シャルル・シャノワヌ一行の着任、同二月十五日（慶応三年一月十一日）遣仏使節徳川昭武一行を乗せた同じ便船の横浜解纜《かいらん》に立ち会い、さらに、ついに最後の将軍となった徳川慶喜と六七年三月上旬（慶応三年二月上旬）、フランス・朝鮮和議斡旋のための会見に向かうロッシュを大坂に送り、一旦横浜に戻って再度大坂に向かい、徳川慶喜が四ヵ国公使と相ついで行なった会見に際して、五月一日（三月二十七日）の内謁見と翌日の公式謁見に臨むロッシュ、ローゼらに陪席する機会を得ている。その間、横浜及びその近郊では精力的に見聞を広め、大坂市中を歩いてはヴェニスやコペンハーゲンのことを思い巡らすのであった。その見聞を、モンテスキューの小説を引いたり、スイス領事ルドルフ・リンダウの日本見聞記で確かめたりしながら、スエンソンはタイクン（将軍）がミカド（天皇）の任命した統治者にすぎないという日本の政体を見据え、衣食住の風俗万般に及ぶ個性的な日本人論を展開している。

文中に期せずして、東海道沿いの田園風景のなかにかのケンペルが催した嫌悪や、大坂城で三ヵ国正式謁見の翌日に行なわれた内謁見ののち、米国公使ヴァン・ヴァールクンバーグが記した慶喜の人柄についての印象と共通の記事を発見するのも、本書の読み方のひとつであろう。スエンソンはのち再度来日したことがあり、一九二一年

（大正十年）に没したとのことである。

訳者の長島氏は一九七七年以降コペンハーゲン大学東アジア研究所に勤務しておられ、一九八二年には岩野泡鳴の文学理論についての論文で同大学から博士号を得たのち、近年では近代日本におけるアンデルセンやストリンドベリの邦訳の歴史や明治以前の日本デンマーク関係史の研究成果を両国で発表しておられ、六年前東京でお会いして以来、東京大学史料編纂所の在外史料の採訪にご協力いただき、二年前にはかの地で私自身の史料調査にも協力された。「日本歴史」（一九八八年四月）の論文で長島氏は本書を「幕末維新期日本の内幕を伝える生の資料として、いずれ翻訳紹介されてしかるべき」ものと述べておられたが、今回、氏自身の手に成る、その翻訳が公刊されることを、読者とともに心から喜ぶものである。

一九八八年十一月一日

金井　圓

目次

第一部

第二部

江戸幕末滞在記

若き海軍士官の見た日本

第一部

一　日本へ

交趾《コーチ》シナ〔南ベトナム〕のフランス基地に六ヵ月滞在したところで、私は「中国と日本へ出向すべし」との辞令を受け、ローズ少将指揮下の艦隊で軍務を継続することになった。

横浜まで食料ならびに資材を運ぶべくフランス政府が送ってよこしたフリゲート艦サントバン号（Saint Aubin）に乗船した私は、荷物も軽ければ財布も軽く、心はいっそう軽々としていた。不健康な気候のサイゴンに長居をしたために身体をこわし、医者からもできるだけ早く滞在地を変えるように忠告を受けていた私は、交趾シナの焼けつくような太陽とドナイ河の毒々しい悪臭が、日本の森の木陰と爽やかな潮風と入れ換わってくれるよう、全身全霊で願っていたのだった。

一八六六年七月五日、黄色く濁ったドナイを曳船に引かれて下り、翌日帆を張ったわれわれは裸の岩肌が険しい交趾シナの前哨地点サンジャック岬（Cap. St. Jacques）に別れの挨拶を送り、南西の疾風を受けて帝政中国南部の港に航路を定める。サントバン号は日本への途上、香港と上海に寄港することになっていた。

八日後、香港に到着。邸宅が立ち並ぶこの香港は、ジェノヴァを凌《しの》がんと富貴な商人貴族たちが粋を凝《こ》らしている町、停泊地では数百に及ぶマストの先に万国の旗がはためき、町の通りでは洋の東西を問わずありとあらゆる国の人々が、たったひとつの目的、金儲けをしようとの思いに取り憑《つ》かれて会合している。

ここで私が香港の描写をするのは適当ではない。ほんの短期間だった私の滞在は、規模こそ岩山と町と停泊地がひとつずつだけで小さいが、繁栄を誇っているこの英国の植民地についての知識を得るには、とても充分とはいえなかった。

香港到着五日後にわれわれの船は再びシナ海上に出、弱々しく気まぐれなモンスーンがゆっくり北へ運んでくれた。商船上の毎日は退屈である。軍艦上なら、単調だとはいえ時間つぶしになってくれるような雑用が、ここには欠けていた。わけても、士官室へ行けばいくらでも得られる同僚、同輩との交遊や気晴らしがなく、つまらないことおびただしかった。

七月三十一日になってやっと揚子江の河口に到着した。けれども河を上る途中、水域の随所に広がっていた砂洲のひとつで座礁してしまった。一時は危険な状態に陥り、船長が船をあきらめたほどだったが、幸い好運な事情が重なって、無事に砂洲を離れることができた。もちろん多少の破損は免れず、上海で修復が必要となった。黄浦江《ホワンプーチヤン》西岸の低湿地帯に位置する上海の七、八月は、その不健康さ加減においてサイゴンに匹敵する。この季節、コレラや日射病、悪性熱病などで何百人もが死亡するため、一、二ヵ月間商売を休める欧米人は競って同地を逃れ、近くの日本の海岸で、さほど暑くない太陽のもと、微笑をたたえた田園の風景に囲まれて健康と体力の回復にいそしむのだった。私が同市に滞在していた数日間、気温が日陰で摂氏三十八度にまで上がったにもかかわらず、蒸し暑く息苦しい空気を入れ換えるべき風ひとつ吹かない有様だった。このお釜の中のような町に当分の間滞在しなければならないと思うと、地獄の苦しみも同然だった。ここの基地に配属されていたフランスの軍艦はみな保健上の理由から航海中だったので、フランスの郵便船の船長から、横浜まで同船しないかという話をもちかけられたときは、条件が非常に有利だったこともあり、喜んで言葉に甘えることにした。なんの悔いもなくサントバン号と帝政中国に別れを告げて蒸気船デュプレ号（Dupleix）に乗船、八月五日、日の出とともに上海を後にした。私の憧れの地日本まで、たった二、三日の航海でたどり着ける距離だった。

　航海の初めは好天だった。二日目が過ぎ、中国の島影が視界から消えると、水平線上に日本最南端の小群島が見え出した。そのほとんどを南にやり過ごしてから航路を東にとり、山がちな九州と平坦な種子島を分けへだてているファン・ディーメン海峡〔van Diemen 大隅海峡〕にかかった。やがて、何マイルも離れた距離にあってさえ、重々しく端正な頂上ゆえにすぐそれと知れるホーナー山〔Pic Horner 開聞岳〕が目に入った。それはまるで、九州の南側に切り込んでいる底の深い鹿児島湾へ進入するときの目印としておかれているかのようだった。間もなく九州の最南端、チチャコフ岬〔Chichakoff 佐多岬〕のすぐ近くを通過、これは高さ五百フィートほどの荒涼とした裸の岬だった。その水際では岩々がそこここに散在し、海水がその間を縫ってうなりをあげては泡立っていた。また、その岩のひとつにかなりの高さで円形の洞穴《ほらあな》が穿《うが》たれ、凱旋門のようで注目された。佐多岬からその東方にあるオサキ〔火崎〕(1)までは九州の海岸はほぼ直線に広がり、それをところどころで切断している堂々とした岩壁はたいてい草土と灌木でおおわれていて、険しく荒れはてた風景を和らげていた。

日本の大きなジャンク船〔平底帆船〕が用心深く海岸近くを走っているのに出合った。日本人は中国人ほど航海に長けていない。この国の孤立した位置、外国との通商をはじめ、新奇なものはなんであれ厳禁とする政府〔幕府〕の方針が、日本人が優れた海洋国民としての能力を伸ばす妨げとなっていた。それにもかかわらず日本は巨大な商船隊をもっている。しかしそれは国内海運のみに従事し、海岸線を離れたり、大洋に出て大自然との闘いに挑む機会はほぼなきに等しい。ジャンク船の構造も同じ目に遭っていて、千年前のものと少しも変わりがなく、嵐や荒海に逆らうことなどとてもできそうにない。扱いにくく、一本だけの四角い横帆は巡航には不適当で、風の状態が良いときに限って船の前進を可能にしていた。

ファン・ディーメン海峡の東に出た所で晴天が雨雲と霧にとってかわられた。東の雄風が海上にうねりをもたらしていたので、乗客の大半は寝床についてしまい、船足もぐっと落ちた。海と風は逆らっていたが、その代わりに潮の流れがわれわれの味方をしてくれた。

日本の南東側の海岸は絶えず規則正しい潮流の影響下にある。クロシオ、黒い潮流は赤道潮流のひとつとして太平洋を横切り、台湾の南端で方向を変えて北上する。そこから琉球諸島、セシル群島〔Cecille 薩南諸島〕沿いに北東に進み、ファン・ディーメン海峡の南にある島々〔大隅諸島〕、種子島の所で東北東に折れて日本の海岸を洗う。クロシオは東アジアのメキシコ湾流である。層を成して海底深くにまで達し、その領域に入るや否や、水温の上昇がすぐに感知できる。この暖流のおかげで日本の南海岸は、真冬でもその温暖な気候がイタリアのそれと比べられるが、他方、同じ緯度でも中国の海岸の方は、北欧並みの厳しい冬に襲われるのである。ファン・ディーメン海峡と江戸湾〔現東京湾〕の間でクロシオは最高速度に達する。平均速度が六分の一日に二マイル〔時速〇・五マイル〕、ときにはその二倍になることもある。

八月八日午後、天候が少し良くなり、本州最南の、低く緑におおわれた〔紀伊〕大島の岬〔潮岬〕が視界に入った。航海者にとってこの地点を確認しておくことは、浦賀水道に到る水域の各所に散在している岩礁の間を無事に航行していくためにはたいへん重要である。けれどもこの付近は、あまり魅力的とはいえない。東西南北あらゆる方向の風が乱痴気騒ぎの広場に選んだような所で、嵐に次ぐ嵐、海原は一勝負終わったあとの一服を楽しむ暇もなくたちまちのうちに泡立ち、鞭を打たれてうねりを起こす。けれども船乗りたちは、海に突出した岬の陰に安全で入りやすい港を見つけ、嵐を避ける。大自然の怒りを腕組みしながら微笑を浮かべて眺めるのである。

次の日〔八月九日〕、江戸湾の入口、浦賀水道へ近づいた。本州沿岸はまだ靄《もや》に包まれていたが、はるかな高みに、雲に似て小さく白く光るものが目に入った。日本最高の山、富士山の雪におおわれた頂上である。やがて火山〔伊豆大島〕を通過した。これは円錐形をした島で、その先端がそぎ取られて火口をなし、そこからは煙がもうもうと立ち昇って夜には炎の灯りが山全体を照らしだす。浦賀水道の最西端の相模岬〔観音崎〕に舳先《へさき》を向けた。通り過ぎる船に役立つようにと日本人はそこに灯台を設けたが、みすぼらしい代物で、夜になっても、まったくの役立たずだった。その理由は、海岸沿いにずらりと大きなかがり火が焚かれ、それに紛れてどれが灯台か見分けがつかなかったからである。暗がりと雨のため、江戸湾入口の美しい景色を味わうことができなかった。水先案内人は、横浜上陸まで好天を待ち、ひとまず錨《いかり》を下ろしてはと話していたが、急に雨がやんで霧も晴れ、町の家々、埠頭《ふとう》の船からおびただしい数の灯りが浮かんで出た。船の灯りをめざして進んで午後九時前後、他の船の仲間入りをして錨を下ろすと、続けざまに撃たれた大砲の轟音《ごうおん》が、横浜の町と桟橋に、ヨーロッパからの郵便の到着を告げた。

錨が下ろされるや否や英仏伊の軍艦が横づけしてきた。各国の士官たちは舷門の階段を我れ先に走り上がり、船長を取り囲んで「戦争か平和か！」と口々に叫んだ。横浜では英仏が開戦したという噂が飛び交っていたため、みなニュースをいち早く知りたがっていたのだった。西欧列強英仏間の関係は非常に友好的、と告げられ、士官たちは安心させられた。そんなこともあろうかと予測していたのか、船長は「海峡タイムズ」（Strait Times）の最新号を甲板に張り出させてあった。たちまち士官たち、幹部候補生たちがそのまわりに輪を作り、最新の電報記事のメモをとりだした。セイロンの小港プワント・ド・ガル（Pointe de Galle）は電信でヨーロッパと結ばれていた。スエズからこの港に到着した郵便船が、電報を受け取ってシンガポールへ。電報はそこで「海峡タイムズ」という名のもとに印刷されて、その形でインド諸島の植民地に配布され、さらには交趾シナ、中国、日本沿岸の港へも届けられる。このようにして汽船航路の終点である横浜で受け取られる最新情報は、いつも三十日程遅れていた。つまり、郵便船がプワント・ド・ガルからの航海に要する日数である。それでも、手紙や新聞によって得るニュースよりも、十四日早いことになる。

　それよりもっと早く情報を得るには、聖ペテルブルグからキャフタ(2)に通じている電報がある。しかしこの回線はほとんど使われることがない。一般の通信用でないこともあるが、定期的に郵便の通っていないキャフタから北京まで、急使を送るのははなはだ難しく、かつ高価につくことがその原因だろうと思う。

　また、一八六七年一月一日より、ヨーロッパから情報を入手する第三の道が開かれた。北米汽船会社がサンフランシスコ―横浜間に航路を開いたのである。第一船は航程を約二十日でこなし、二十日しか経っていない英国からの電報を届けてきた。

　中国におかれた各国の大きな商館は、電報によるニュースが非常に有益なことを熟知しているので、欧米各所で船足の早い汽船に多額の投資をしている。中国市場に影響を及ぼしそうな重要な情報がヨーロッパから届くのを待つときなどは、快速船をシンガポールに送り、蒸気を吹かしたままで郵便船の到着を待たせる。そして郵便船の到着三十分後にはすでに電報の写しを入手、錨を上げて一時を争って香港あるいは上海に向かって全速力で航行し、郵便船より何日も先に目的地に着く。これだけの先回りで、数百万の大儲けができることがある。(3)

訳注

(1) Hizaki が Osaki になった過程には、語頭のHを発音しないフランス語と、SとZの発音を区別しないデンマーク語が関連していると思う。

(2) キャフタはバイカル湖の南、中国との国境にあるロシアの町。

(3) 情報の速さが商取引に利益をもたらす構造は今でも変わっていない。

二　横浜Ⅰ

翌朝早く〔八月十日〕、新任地を知りたいという好奇心にかられて甲板に出た。横浜は江戸湾の南西、俗称神奈川湾の奥に位置している。江戸湾は広大で南北八、九海里、東西が五、六海里ほどある。南は浦賀水道によって太平洋に通じ、北側の海岸はかなりの低地、陸地が緩やかに海中に続いているので、日本の首府、江戸(1)を訪れる大型船は、湾の北西に位置するこの大都市からかなり離れた位置に錨を下ろさなければならない。その数マイル(2)南には神奈川の町があり、幅広い湿地と小高い丘が、横浜とそこの西欧人居留地とを神奈川から隔てている。

神奈川湾は円形に陸に食い込んでいる。南は森に囲まれた条約地点（Treaty Point 本牧岬）に接している。そこの白亜の崖は群青色の海面から唐突に突き出て、自然のいたずらか、崖の頂《いただき》はてっぺんが老樹の緑と垂れ下がる蔦葛でひょうきんにおおい隠されている。北に目をやると、低く広がる浜辺とその向こうの一帯が見渡せるが、海岸線はいきなり折れて視界から消え去る。大通りが一本しかない神奈川の町は、浜辺の樹々灌木類に隠されていて見えない。大きな砲台のある花崗岩《かこうがん》の壁ばかりが海岸まで伸びていた。日本人が外国の軍艦の礼砲に答えるのはここからで、そこの大砲は横浜の埠頭を照準に入れてあるので、いざとなれば、埠頭から商船を立ち退かせ、軍艦さえも危険におとしいれることが可能である。湾の奥、じょうご形の平野の周縁部が横浜で、その両側は森林におおわれた丘にはさまれている。南側の丘は条約地点〔本牧岬〕にまで連なり、北側のは海岸の近くで高くなったかと思うとそのまま垂直に水際まで下降し、横浜と神奈川を隔てる湿地帯を横切っている。

海から見ると横浜は完全にヨーロッパの町である。小さな庭と花壇に囲まれた美しい住宅の列がこちらの丘から向こうの丘まで続いている。そして、その前を、住民お気に入りの幅広い遊歩道バンド〔海岸通り〕が走り、海に出る所が石を積んだ突堤で固められている。外国領事館の建物の大半は国旗でその位置が知られる。領事がいるときにはいつも、マストほどもある高い旗竿のてっぺんで、お国の色の旗が天まで届けとばかり高々と掲げられてはためいている。

バンドの中程にフランス海軍病院があるが、これは横浜随一の奇妙な建物である。灰色の花崗岩の丸石を仕上げて建てた二階建の大きな四角い建物で、赤く塗られた幅の広い木製ベランダが二階を取り巻いている。そしてそのベランダには、建物の両側で、美しい形をした石の階段がつけてある。しかし、建物の花はなんといってもその屋根である。屋根それ自体が、日本人の手になる、日本の技術の粋を集めた記念碑になっていた。壁の三倍ほどの高さがあり、光沢のある小さな瓦で葺《ふ》かれ、優美な曲線で反《そ》りかえった屋根が目もくらむような高みまで達すると、棟の先は絡み合った竜の複雑な模様になる。この記念碑をおおうのに使われたおびただしい数の瓦を数えるのは、病床にあった士官たちが好んでする退屈しのぎだった。可哀想なことにここの住人は、ある日突然なだれ落ちてくる瓦につぶされてしまうのではないかという不安に絶えずおびえながら暮らしていた。しかし今までのところは、時の力、天気の力の双方に耐え抜いており、ほんの時たま、嵐の折などに、心配顔の住民の頭上に瓦が二、三百個も落ちてくるだけである。

南の丘にはフランス政府の小規模な軍事施設がある。砲座を設けて大砲を運び上げ、町と埠頭の上に君臨している。山肌に繁茂する豊かな緑と、フランス人の作らせた見事な庭園とが、その近辺に平和で田園的な雰囲気を与えていた。条約地点〔本牧岬〕に近い英国のいわゆるキャンプ〔野営地〕の方は、趣をずっと異にしている。いったいどんな理由からそうしたのか見当もつかぬが、英国人は自国区域に生えていた木をことごとく伐ってしまった。連隊の宿舎にあてられている木造平屋のバラックの長い列は、遠くから見ても近くで見ても、貧弱な印象しか与えない。日本的要素が目につくのは、長い海岸通りの北端のみである。幅広く美しいバンドがいきなり終わり、端正なヨーロッパ式の家々が、色も形も雑然とした日本の漁村に場所をゆずる。そのいくつかは杭の上に建てられ、海上に突き出ていた。

このすばらしいパノラマの背景に、日本一美しい装飾品、雄大なる富士山が控えていた。日本人の聖なる山、この尊大な岩山は横浜から二十マイル程の距離にあるが、とても身近に感じられ、ひと足歩けばたどり着けそうに思われる。ナポリ人にとってのヴェズヴィオ山以上、横浜の日本人にとって富士山の意味は深遠である。朝、家から出て最初に視線を投げるのが富士山で、それが霧に包まれてでもいようものなら、晴れていてもその日は太陽の輝きが鈍く感じられてしまう。横浜に居住する西洋人でさえ、新参者に富士山の多彩な美しさを語るときには、勝ち誇ったような声を発せずにはいられない。富士山は絶えず変貌している。その豹変ぶりは移り気な女同様、太陽の位置、大気の状態、季節などの具合で一日のうちにも何度か容姿を変えて現われる。冬の富士山は上から下まで、より正確には、横浜の住人が手前にある山々の向こうに見わたせる富士山の一番下まで、惚れぼれさせられるような雪の衣装に身を包む。時折靄にすっかりおおわれてしまうことがあるかと思えば日の出の光に染まって紅潮し、霧のヴェールを被って美しい容姿を露《あら》わにするかとも見える。また、黒雲のクレープで頭を隠したり脚を隠したり、胴の部分だけにふんわり軽い雲の帯をつけたりもする。夏が近づくと富士山は白装束を脱ぎ捨て、褐色の地肌が次第に現われてくる。が、よっぽど暑くならない限り、この変化は貫徹されることがない。往々にして、頂上近くの深い山襞《やまひだ》には夏中雪が消えずに残り、光り輝く長い銀髪のように見えるのである。

富士山は休火山で、この前の噴火は一七〇七年だった。語り伝えによれば、この山は一晩にして地上にせり上がり、同時に、その底辺部と同面積の湖が京都の近くにでき上がったということだ。日本最古の宗教、神道の創始者は、この世での仕事を成し遂げた後、隠遁者として富士山にこもり、そこで死んだとか。以来、富士山は素晴らしい効験を数々備えるようになった。そして、日本人の大部分がそれを疑いもせずに信じているのをうまく利用して、僧侶〔神主〕たちが富士山を独り占めにしてしまった。(3) 巡礼者が毎年数多く訪れ、頂上に何日も滞在する。彼らはみな白装束をまとい、寄進を受けた僧侶たちがそれに神像やら神秘的な印やらを塗りつける。貝殻で身を飾ることもあるが、それはキリスト教の巡礼者と同じである。

富士山の頂上には普通、六月と七月にしか登れない。ほかの時期は雪のために、不可能とはいわないまでも難しい。それにもかかわらず駐日英国大使オールコック卿は、一八六〇年九月の初めに富士登頂を成し遂げた。宏大な面積を占める富士山の内側の部分に植物が繁茂しているのを発見したという。富士山が活発な火山活動をしたことがあったらしいのはほぼ確実で、海抜約六千フィートの所にある箱根の湖は、以前火口だった所に水がたまったものだそうである。頂上には植物はまったく生育しておらず、その部分を登るのに八時間、下りには三時間かかる。また、富士山腹で人の住む最高の地点までは、登り下りに二昼夜を要する。登山道には処々に山小屋が設けてあり、旅人の便宜をはかっている。現在までの観測によれば、頂上の最高部が海抜一万三千七百六十六デンマークフィート。二、三百フィート低い所にある火口は、長さ約千五百、幅八百、深さ五百アーレンとされている[4]。

横浜の埠頭は絶えずたくさんの軍艦、商船でいっぱいである。広々としていて、日本の海岸をたびたび襲う嵐からもかなりよく守られている。ただ、北の風、北東の風に対してはほとんど無防備なのが玉に瑕《きず》といえる。いつもはおだやかな江戸湾も、嵐とともに次から次へと巻き込むように高波が押し寄せてくると、たちまち怒れる海と化し、船の運航を危険におとしいれる。神奈川湾でも海は泡を吹き、石を積み上げた横浜の波止場に当たって砕け散る。泡立った白波はバンド〔海岸通り〕を濃い霧雨に包み、恐いもの知らずで通りを行く者の目をふさいでしまう。こういう状態のときには、陸と船の関係はとだえてしまう。なぜなら、日本政府〔幕府〕が船や平底舟からの積荷のあげおろしが容易になるようにと築いた桟橋は、埠頭から直角に海に突き出ているために風をさえぎることができず、上陸しようとしてもボートを横づけできないからである。特に北風の激しい冬の季節には、船員たちは何日も船に釘づけにされてしまうことがある。一八六七年になってやっと、こうした監禁状態が頻発しないよう、日本政府は目的に適《かな》ったボート用の船着場の建設に着手した。

幸いなことに、嵐の日はまず例外といって良い。神奈川湾はたいてい鏡のように平坦に光り輝いており、あっても微風がもたらす小波だけが、おだやかに船腹と波止場の石を洗っている。しかし、どこを眺めても生命が躍動していた。積荷を満載した三《サン》板《パン》が岸と船の間をゆっくり往復する。船員たちは荷下ろし荷揚げを陽気な歌をもってする。言葉はちがっても歌の出所は同じらしい。軽くて船足の速い渡し舟が埠頭を縦横に走りまわる。士官を多数乗せ、英仏米露各国の旗をなびかせた海軍のボートが、水兵たちの力強く漕ぐオールに運ばれて水面を滑っていく。二隻のボートが並んだりしようものなら、どちらが先にゴールに着くか、自国海軍の名誉をかけて激烈な競争が展開される。時にはまた、行く船来る船が、大胆な操舵、優美な航行で人の目を見張らせることもある。積荷を満載した平底の帆船はまるで水に浮かんだ家のようで、艫《とも》が塔のように高くなっており、そこから舵取《かじと》りが指令を下すが、これら日本の船は、低く細身の欧米船と奇妙な対照をなしている。漁船は二艘《そう》ずつ巨大な網の両端につながれ、帆を張って、風に吹かれるままゆっくり海面を移動していく。その間、小さな三板に乗った漁師たちが、二本の棒を撥《ばち》にして厚板を打ち叩き、ものすごい音を立てる。怯《おび》える海中の住人を、いっぱいに張られた網の中にそうして追いやるのである。

海岸からは、町の騒音が消音器にかけられたうなり声になって海面に流れてくる。それが時折、耳をつんざくような軍艦の礼砲の音にかき消される。横浜では礼砲のやりとりのない日は稀である。それはあたかも、欧米の列強が、軍事的優越を絶えず日本人に印象づけようとしているようであった。日本の当局に敬意を表して撃たれた礼砲のときに限って、遠く神奈川砲台から答礼の大砲の音がかすかに届いてきた。

私が到着したときに埠頭を埋めていた軍艦の中には、フランスの国旗を掲げているものがなかなか見つからなかった。が、ついに、フランス領事館の前に錨を下ろしていた、小型だがかなり美しい通報艦のマストの上に、三色旗がひるがえっているのを見つけた。郵便船を取り巻いていたたくさんの三板の一艘に私は乗り移り、その通報艦まで行って同艦に乗船、指揮官に到着を告げて指令を仰いだ。艦名はキエン・チャン〔広昌〕といい、血腥《ちなまぐさ》い事件にたびたび加わってきており、最近も、東洋の大国〔中国〕と欧米列強間の通交開始に一役買っていた。小型で脆《もろ》そうに見えてもキエン・チャン号は大沽[5]で中国人と戦い、日本人とも下関で戦ったことがあり、朝鮮人と一戦を交える日が来るのもそう遠いことではあるまい。が、目下のところはこれまでの名誉にあまんじて休養を取りつつ平和外交に専心、滞日フランス公使ロッシュのヨット代わりになっている。

キエン・チャン号の乗組員数には限度があって指揮官は私を任務につけることができなかったが、当分の間横浜に駐屯中の仏国海兵隊に所属することになった。指揮官の話では、コルベット艦ラプラス号（Laplace）が瀬戸内海への航海から今日明日にも帰ってくるとのこと、それが到着次第、同艦に配属されるだろうということだった[6]。

私はこの決定に満足だった。短期間とはいえ陸上で生活する機会を得、船からの観察よりはるかに詳しく日本の実態を知ることができるからである。私の乗った三板は、今度は陸に向かって進んだ。上陸したら私の新しい上官、三百余人の海兵隊の指揮官である大尉のところに出頭し、その後で同僚たちと知り合いになれるはずだ。横浜港内の渡し舟は、見栄《みば》えも乗り心地もはなはだお粗末な代物である。平底の長い舟で、艫《とも》が四角、先が尖っていてアイロンのような形。それをふたりの逞しい男が、真ん中あたりに穴のあいた巨大な艪《ろ》を船尾の船べりに取り付けた舵軸にはめて漕ぎ進む。漕ぎ手は外向きになって舟の上に立ち、上半身を前後させて艪の先にくねるような運動を伝え、舳先《へさき》に水を切らせるのである。乗客は船べりから船べりにわたした小さな板の上に腰掛ける。大きな三板は六本あるいは十本、時には十二本の艪を備えているが、その種の艪は、船べりの外側に間隔をおいて取り付けられた小さな支柱を軸にして漕ぎ、艪の先を不自由なく動かせるようになっている。横浜にあるヨーロッパの商館は常時何艘かの大型三板を所有しており、その設備は日本のふつうの三板より優れている。中央に低い小屋のようなものを設けて乗客を風雨や海水から守り、内部にはクッションを敷いて座り心地の好い腰掛けがある。

私の舟の漕ぎ手はふたりとも、腰にまわした幅の狭いベルト〔褌〕のほかはまったくの裸である。背は低いが肩幅の広いがっしりした体格で、盛り上がった筋肉と陽焼けした皮膚を見れば、ふたりがどんな天候、いかなる重労働にも慣れっこになっているのがわかる。きちんと手入れの行き届いているのは頭の部分だけである。顔と上頭部の中央がきれいに剃られていて両横の長い髪を後頭部で束ねて油光りする小さな辮《べん》髪《ぱつ》状に固め、それをまた上へ曲げて頭の剃った部分にのせ、額にかぶさるようにしてある。(7)幅の広い顔と小さな黒い瞳は、善良さと気紛れを現わしていた。ふたりは、見たところはたやすそうに重い艪《ろ》を扱い、ひと押しひと引きするごとに、かみしめた歯の隙間から短く息を吸ったり吐いたりして半分唄うようなシューシューという音をさせていた。この音は時々、叫び声とも呼び声ともとれる「ジッキ！　ジッキ！」〔直き、じき〕になり、おたがいをはげましているようだった。漕ぎ手が多数の三板では、各人の肺の運動が総合されて叫び声がものすごい騒音になり、一マイル離れた所からでも聞こえたほどである。

　私が上陸した海岸通り際の波止場では、何人もの日本人日雇いが重い包装箱や商品の類を積み上げたり運び去ったりしていた。ここには日本の税関の倉庫があって役人がおり、物品の輸出入を許可するのに厳しい検査を行なっている。ここにはまた渡し舟の監督所があり、外国人が法外な値をふっ掛けられたりごまかされたりすることのないよう、監督している。よくできた制度で、ヨーロッパの港にも設けてほしいものである。テンポ〔天保銭〕四枚〔約十五デンマークスキリング〕というかなり安い金で、昼夜を問わず、信頼のおける漕ぎ手が、陸からどんなに離れていようと、客の船まで送り届けてくれる。

海岸通りに沿って私は「お山」に向かった。仏国政府に属するこの軍事施設は、横浜の南の高台の斜面に位置していて、町では「お山」（フランス山）以外の名では呼ばれない。そこに勤務している海軍士官も、「お山の将校」と呼ばれる。海岸通りの外れには幅広い木橋が運河にかかり、欧州区（異人居留地）を日本の郊外地オモリ[8]から隔てている。お山はその運河の反対側に位置している。建物の前に立った私は、その奇妙な構築ぶりに魅せられてしまい、しばらく佇《たたず》んで観察することにした。

見かけも大きさもまったく同じふたつの建物が、側面を運河の方に向けて立っている。そのふたつの側面は高い塀でつながれており、建物の土台と同様、頑丈な花崗岩の丸石で築いてあった。塀の壁には上部が半円の門口が穿《うが》たれ、幅の広い石段に続いている。それを上がると、建物の最上階と同じ高さに山腹を掘り崩してこしらえた砲座に出る。建物の一番下の部分には鉄格子のはめられた通気孔と銃眼が列を成しており、要塞のような暗い印象を与えていた。しかし、最上階はそうではなかった。そこは木製の色彩豊かなバルコニーで囲まれている。バルコニーは下の頑丈な壁の方に張り出していて、門口の上方の所に橋がかかり、ふたつの建物のバルコニーをつないでいる。また、ガラスのはまった大きな上げ下げ窓がずっと並んでいて、まるでショーケースのようだった。弧を描いた日本製の屋根もバルコニーにおおいかぶさるように張り出していて、見る者に、建物の最上段の脆《もろ》い部分が今にも均衡を失って真っ逆様に落ちてくるのではないか、という恐れを抱かせた。二棟の建物の間に位置する砲座からはさらに一対の石段がそれぞれ半弧を描いており、山腹にしつらえられたテラスに続いていた。そしてそこからまた階段が一本伸びていて、山のてっぺんに出られるようになっている。その全体からは、中世の要塞とニュールンベルクの家をたして二で割ったような印象を受けた。絵に描いたような建物の外観は、山腹をおおう深緑色に生い茂った木々を背景にして、いっそう際立っていた。

門口の上方に三色旗がはためいているし、この奇異な場所には不釣り合いだったとはいえ、青いウールのシャツを着て、つばの広い麦わら帽子をかぶった肩幅の広い海兵隊員がいたので、今じっくり観察したその建物は、私の新しい宿にちがいなかった。

フランスの海軍士官は、本国の政府から万能の大天才と見なされるべきだと思う。それこそ年がら年中、なんでも屋としてこき使われるからである。今日は船員だったかと思えば明日は兵隊、外交官になったかと思えばすぐに法律家に早変わりといった具合だ。交趾《コーチ》シナで私は、若くて陽気な士官と知り合いだったが、かれはサイゴンでは市長で、「法の名において」（au nom de la loi）を連発しながら、植民地で婚姻関係に入った人々に祝福を与えていた。もうひとりはある地方の長官で、職務の傍ら安南人に西洋式農具の使い方を教えていた。中国の税関を組織し、指導しているのもフランス海軍士官であるし、別のひとりは北京の公使館で館付武官をつとめたこともあった。けれどもかれらはみな、こうした平和な任務から、ふたたび船員あるいは水兵として、ニューカレドニアの現住民や朝鮮人と戦うために、とられていってしまうのである。

お山における私の同僚は都合六人、かれらは駐屯地における仕事のほかに、歩兵や砲兵の訓練術を日本人の若い士官に教えていた。そのうちのひとりは最近横浜に開設された仏日学舎〔フランス語学校〕で数学の初歩を教えていた。彼はのちに二十名ばかりの若い日本人の指導監督官に任命され、フランスで教育を完了すべき日本人生徒に付き添って母国に渡った。(9) 冗談と大笑いを好む傾向をおいては、われわれの日常は船員生活とはほど遠いものだった。われらの指揮官、まだ若い中尉は部下から「大将」なる称号を与えられていた。そうすることで、数の上ではわれわれを圧倒していたものの、しかつめらしい白髪の一大佐の指揮下にあったに過ぎない英国駐屯軍となんとか均衡を保とうとしたのだった。とはいえお山の大将と近所の英国の同僚との関係は非常にうまくいっていた。お山の大将とお隣の大佐は頻繁に訪問し合い、軍事に関するおたがいの知識に心から敬意を表し合っていた。士官たちも英仏合同で宴会を開き、西欧列強のためになされた乾杯は、そのたびに歓喜をもって迎えられた。けれども赤シャツ〔英軍〕と青シャツ〔仏軍〕の兵隊たちは、横浜の居酒屋で友好と殴り合いを繰り返していた。

日本、この英仏両国と同様独立独歩の国である日本に、なぜ英仏軍が駐屯しているのかを、ここでひとこと説明しておく必要があるようである。

合衆国、英国、フランスが一八五八年に日本政府と結んだ〔修好通商〕条約により、周知のように箱館、神奈川、長崎の港が一八五九年半ばに欧米との通商のために開かれた。しかし、日本政治の堅実さが、神奈川の代わりに横浜に外国商人が居留することを要求、それが理由で現在地に欧米の諸施設が築かれることになったのである。西洋人の到来が日本にもたらした内政不安のもと、横浜は権力を掌中におさめんとする〔日本の〕諸勢力の攻撃の的に何度もなりかけた。一八六三年にはその危険が特に切迫し、江戸を相手に開戦の用意のあった英国艦隊の総司令官は、横浜の安全を保障しかねる旨を宣言、速やかに退去するよう同地の欧米人に呼びかけた。(10) 欧米人が日本でもっとも裕福豊沃な土地から永遠に駆逐されようとしていたこの緊迫した事態に当たって、フランスの海軍提督は、ほんのわずかな戦力しか持ち合わせていなかったにもかかわらず、最後まで横浜の町を守り抜くことを申し出た。この提督は自国軍艦の上陸部隊を派遣して「お山」に野営させ、万一に備えて砲台を据えた。埠頭に横づけになっていた軍艦も加えて、限りある条件が許す範囲で防御の用意に万全を期した。小規模とはいえ陣地の取り方は信頼に足るものであった。当初のパニック状態がおさまると、欧米人はこの戦闘準備を目にしてふたたび安心感を取りもどし、どんな危険に遭っても大丈夫だと思うようになった。横浜を離れた者はひとりもなかったが、もしも町が日本人の手に落ちたならば、軍人、非軍人を問わず、その安心感の代償を命でもって払わなければならなかったろう。

幸いなことに西洋人居留地は攻撃に遭うことがなく、最大の争点も友好的な交渉によってなんとか収拾することができた。しかし、町に静寂がもどったとはいえ、後日中国から部隊を横浜へ呼び寄せた英国とフランスは、いずれも町の高台に構えた有利な陣形をくずそうとはしなかった。彼らは日本人にさしたる信頼をおいておらず、その当然の成り行きとして、日本政府が横浜の町に攻撃をしかけようなどという考えを起こさない程度の規模の軍隊を駐屯させることにしたのだった。列強の軍隊が恒常的に日本に配置されるのを目にするのは日本政府にとって不愉快にちがいなかったが、結局は協定を受け入れざるを得なかった。英仏両国は、それ以上軍備を強化しないという条件で、現状を維持することになった。[11]

それ以後三、四年の間西洋人と日本人との間に培《つちか》われてきた友好的な関係は、このような措置を無用にしてしまったかもしれない。けれども、日本国はまだまだ先の見通しのつかない革命的状況にあり、欧州権益の安全が危険にさらされる可能性はあるわけで、目下のところはヨーロッパ勢力の影響が日本の地に浸透しているにしろ、かなりの規模の軍隊の駐在はまだ当分の間必要だろうと思う。

これに不満を抱いているのは日本政府だけである。祖国と家族から遠く離れて使命を果たすのが普通な英仏の軍人は、この美しい国日本、陽気で親切な住民に立ち交じって暮らすのが幸せで、充分に満足している。日本の和やかな空の下、微笑む自然の懐に包まれて彼らは重労働を忘れ、厳しい船員生活と不健康な熱帯の気候がもたらした数々の病や傷をいやしているのである。

横浜で住み心地の好い所を選べといわれたら、お山を選ぶしかあるまい。すでに詳しく描写した本館には士官たちの集会所がある。その窓の下を、町の西洋人のほとんどが、毎日のように丘の反対側にある景観、ミシシッピの谷へ向かって通り過ぎていった。[12] 沈む日が水平線に近づいて退屈な一日の仕事が終わると、ある者は馬車、ある者は馬に乗って、またある者は徒歩でと、西洋人はこぞって町を出、ミシシッピの爽やかな緑の森へ行って、山と海の間で芳醇な森林の香りを胸いっぱい吸い込みつつ鳥の歌声に耳を傾けるのである。また、海岸に打ち寄せる波は、あれやこれや一日中頭をいっぱいにしていた考えをしばらく忘れさせてくれた。強い日射しを恐れて昼のうちは外に出ようとしない御婦人方も姿を見せる。薄紗《はくさ》を優美に着こなして、たくさんの崇拝者に囲まれた西洋婦人は、日出ずる国では珍しくて、それだけ評価も高かった。

夕方以外のときには日本人の住民が、人足や職人、しかつめらしい顔をした役人や僧侶、しわだらけの老婦や恥ずかしがり屋の娘たち、と種々雑多な人々が窓の下を通り過ぎてゆき、われわれの注意と好奇心は何時間にもわたって釘づけにされてしまう。

次々と変化するものの、その実単調なこの暇つぶしに飽きたなら、狭い部屋を後にしてお山の坂を駆け上れば良い。その山腹は日本の庭園術によって魅惑的な公園につくり変えられており、木陰も暗く密生した木立もあれば、陽が当たって微笑している灌木類、花園もある。その間を泉水が快い音を立てて流れ、小さな池に集まっている。そして、その上にかかった橋を行くと、神秘的で洞のような森に通じているのである。木立に隠され右に折れ左に折れする小径を登ってお山の頂上にたどり着くと、そこには周囲にベランダのついた木造の建物が葉の多い木の陰に立っていた。中には士官の仕事部屋と寝室があった。そこからは、稲田を前方に、雪におおわれた雄大な富士山を背後に控えた横浜の絶景が眺望できた。さらに、のっぺりした神奈川の海岸がだんだん高まって岩におおわれた山になり、その遠方が青味を帯びたヴェールに隠されているさま、また一方には、埠頭や浦賀水道、広々とした江戸湾には、陽の光に輝く帆は垂れて、だるそうに波間に揺れている船や三板が見渡せた。芝生に寝転んで大の字になり、新鮮な潮風を深く吸い込みながら、この平和でしかも生き生きとしたパノラマに我を忘れることが何度あろうとも、目や頭が疲れたりすることなど決してなかった。視線は日に日に見るべき美観を新たに発見し、日が経つにつれてますますこの景勝から離れがたくなるのだった。

訳注

（1）江戸が首府とされているが、ここは大君の都と見なすべきところ。なお、本書執筆時にはすでに幕府は倒れており、江戸が東京と改称されて文字通り日本の首都になっていたが、この激動期の混乱は本書にはほとんど反映されていない。

（2）マイルはデンマークマイル（七・五三二キロメートル）のこと。以下同様。

（3）のちにもたびたび記述されるが、僧侶と神主の区別、寺院と神社の区別があまり正確ではない。

(4) 一デンマークフィートは〇・三一三九メートル、一アーレンは〇・六二七七メートル。ちなみに一フィートは〇・三〇四八メートル。
(5) 大沽は天津の外港。
(6) この頃ロッシュは小倉で老中小笠原長行と会見、下関に到って萩藩士と会談したあと、兵庫において老中板倉勝静と会い、征長作戦、軍艦購入等の件について協議している。
(7) 頭髪の周囲を剃り、中央の髪を編んで後ろへ垂らした中国の辮髪と正反対である。
(8) 海岸通りの外れの木橋は谷戸橋だろう。オモリは「お森」か。
(9) フランス語学校設立にあたってはメルメ・デ・カション（Mermet de Cachon 一八二八―一八七一）の尽力があった。その経緯については篠原宏『陸軍創設史』（リブロポート、一九八三年）を参照。また、民部大輔のフランス渡航に際し、留学生を引き連れていったのもカションである。詳細は石附実『近代日本の海外留学史』（ミネルヴァ書房、一九七二年）、第四章を参照。
(10) 高杉晋作らによる品川御殿山の英公使館焼打ちほか一連の事件が一八六三年に集中した。
(11) 幕府は一八六三年、旧暦五月十八日に英仏守備隊の横浜駐屯を許可した。さらに翌年十一月二十一日、横浜居留地覚書十二ヵ条に調印した。
(12) 根岸湾がミシシッピ湾と呼ばれていたので、ミシシッピの谷は根岸台、本牧台の辺りであろう。

三　横浜II〔本町〕

横浜は以前、湿地にあった小さな漁村だったが、日本政府〔幕府〕は一八五九年にヨーロッパ人が到来したときにはすでに同地を干拓し、埋立を終えていた。欧州区〔外国人居留地〕、日本区〔日本人居住地〕いずれもそこに建設されて運河で囲まれたが、最初に予定されていた場所だけでは狭すぎることが判明、そのために新たな埋立作業が絶えず進められており、欧州、日本の両区とも、当初定められた境界を広めつつある。

欧州区には縦横直角に交差する通りが敷かれ、区域は規則正しい方形に仕切られた。建物はほとんど全部が石造りの二階建、上の階を幅の広いバルコニーが取り巻いており、夏の晩、住人はたいていそこを居間がわりにする。夕食後、といっても夜の九時十時ごろにならないと終わらないのが普通だが、人々はここで座り心地の好い籐椅子、中国の職人がその見事な出来栄えで栄誉を勝ち得ている籐椅子に、どっかとおさまるのである。そして煙草をくゆらせたりおしゃべりしたり、歌ったり居眠りしたりして時を過ごし、仕事のことを頭から追い払おうとつとめる。部屋は西洋式にこしらえてある。冷えびえとする季節には床にカーペットを敷き、カーテンも冬用のものが掛けられ、暖炉で燃える薪のはじける音を聞きながら、心地好さそうにうずくまる。

設備のよく整った家ではどこでも日本人の使用人を何人もかかえていた。日本人はこと給仕に関してはまったくお粗末であり、まだまだ不慣れで西洋式の家事をやらせても失敗ばかりするので、そこをなんとか数でこなそうというわけである。その点中国人ははるかに優秀で、裕福な家では必ずといって良いほど、執事をつとめる中国人がひとりいた。買弁《ばいべん》（comprador）という名で呼ばれて家中のいっさいを取り仕切り、使用人たちを指図した。長くてすばらしい絹の服を着、油で光った五フィートもある辮髪《べんぱつ》を垂らし、自信ありげな薄笑いを脂ぎってずる賢そうな顔に浮かべ、「可哀想な日本人たち」を軽蔑の目で見下げ、奸知と抜け目のなさでもって主人に仕える術を心得、主人のわがままや気紛れを上手にこなして、結局、自分を不可欠の存在にしてしまうのである。その狡智、計算高さ、商売上手において日本人などは足許《あしもと》にも及ばない。けれども日本人は、こうした性質の不在を、正直と率直、疲れを知らぬ我慢強さで補っている。中国人は、見かけこそ整って賢そうな顔をしていても、厭わしい印象を与えるのが普通だが、その点日本人は、ちょっと見には醜く、彫りの深い顔をしていても、外国人には好感を与えるのである。

使用人中でいちばん接触の多いのがコツコイ〔小使い〕とベット〔別当〕である。前者は主人に、後者は馬に仕える。前者はいつも室内におり、ベッドをしつらえたり、床を掃いたり、食卓を用意したりする。一方後者の方は屋外で馬の世話をし、馬小屋の掃除をしたり走り使いに出たりする。どちらもある意味で主人が日常で親しくつきあう仲間といって良く、小使いはテーブル脇と寝室で、別当は乗馬した主人に仕える。乗馬で外出のとき、別当は主人のもとを離れない。馬の面倒をみるのが役目の別当は、馬を見失ったりしようものなら切腹もしかねない。主人の馬から一瞬たりとも目を離さずにいる。主人を乗せて走る馬の前になり後ろになりして脇を走りながら、何マイルでもついてくる。疲れるどころか息も乱さない。全速力で走るときだけはさすがに、もともと薄着の服をさらに一枚一枚脱いでいき、肩にかけたり額に巻きつけたり、最後の一糸になるまでとってしまう。主人のいないときに別当が馬に乗ったりすることはまずない。日本では上流階級の人間にしか乗馬は許されておらず、魔がさして大名気取りになって馬にまたがったところで、たちまち役人に取り押さえられてしまうのが落ちである。

女の召使いを西洋人の家で見かけることは稀である。未婚の外国人は男の給仕しか必要としないし、数少ない当地の西洋婦人も、小間使いだけでなく乳母も中国人の方を好むかららしい。日本女性の少々大げさに噂されている身持ちの悪さが原因なのか、何かほかに理由があるのかは知る由もない。

日本駐在の外国人家庭には、香港や上海の大邸宅に見られるような豪奢はまだない。それでも、ヨーロッパの社会的地位が同等の家庭よりははるかに裕福な暮らしをしている。祖国を恋しがる気持を忘れようとして贅沢の限りをつくした料理を堪能し、生活を快適にする品々は金銭を惜しまず日本で入手し得るものをことごとく集め、故郷を想わせる娯楽にはなんにでも没頭する。狩り、ピクニック、競馬、あらゆる種類のスポーツが毎日のように行なわれた。横浜のダンディーの間で人気のあった気晴らしはボート漕ぎである。神奈川湾が格好な場を提供してくれた。おだやかな夏の日、江戸湾が鏡のように平らになると、埠頭の近辺を無数のボートが縦横に水面をすべりまわる。グリーンランド人のカヤックに似たこれらのボートは、大人ひとりで運べるほど軽い。水中につかるのは二、三インチほどだけで、船首と船尾に水に濡れない空間があり、その中間、舟の真ん中に人がひとり座れるだけの穴があいている。この小舟を、両縁の金具に取り付けられた華奢な櫂二本を目を見張らせるような速さで操って漕ぐのである。これらの娯楽のほかにも横浜の住人は、もう少し高級な楽しみを手に入れようと努力している。劇場の建設に必要な資本を集めているのだ。この地球の外《はず》れの地に、[1]時たま役者の一団が紛れ込んでくるようなことがあるたびに、ちゃんとした劇場のないのが惜しまれていたからである。週に一、二度、英国軍楽隊が海岸通りで演奏するときには、町の名士たちが馬車、馬、舟に乗って集まってくる。馬車といえば、その建造にあたっては英国人の右に出る者はなく、細身で優美な二頭引きの二輪馬車である。

若者たちの溜り場で一番人気のあるのが「クラブ」である。二階建の美しい建物で、そこからは埠頭が一目で見渡せる。ここにはビリヤードも九柱戯《きゅうちゅうぎ》〔ケーゲル〕場も図書室もあり、英仏独の新聞がほぼそろっている。横浜では政治色の異なった新聞が二紙発行されている。[2]論点は「戦争か平和か、ヨーロッパ」ではなく、「自由化か否か、日本貿易」である。見事な漫画と的を射た諷刺の「パンチ」さえも出ている。要するに横浜は、若々しくて生命感にあふれ、絶えまなく前進する町、商売の傍らに娯楽も盛ん、仕事がなくとも結構暇つぶしのできる開けた町といえよう。

ところで毎日の暮らしだが、金さえあればなんでも必要なものを安く手に入れることができる。店には必需品が全部そろっており、贅沢品にも事欠かない。ただし西洋の製品となると、ヨーロッパでの値段の二、三倍、いや時には四倍も支払わなければならない。たとえばごく普通の長靴がデンマークのお金で十五—二十リグスダーラー、グラス一杯のビールが四マルク等々。それを別にすれば生活費がほかの多くの植民地より高いとは決していえず、かえってずっと暮らし良いとさえいえる。海は魚、大海老、珍味のカキに富み、郊外には野鳥が群をなしていて、ここではヨーロッパで鶏を食べるように雉《きじ》を食べている。果物や野菜類もあふれるほどある。が、大きさと外観が少々変わっていて、香りもさほど良くないようである。けれども牛肉はだめである。日本人は牛肉を全然食べず、牛は荷の運搬に使っているため、西洋人に供される牛肉はたいていかたくて脂身がない。

横浜にはプロテスタントの教会とカトリックの教会がひとつずつあり、伝道師により運営されている。カトリック教会はイエズス会と外国伝道会に属する。日本人を改宗させる活動はまずしていないといって良い。日本人はこと宗教問題に関してはまったくの無関心で有名であり、政府〔幕府〕も今までずっと改宗活動を妨害してきた。その理由をなんらかの宗教的信念に求めても無駄である。そんなものは何ひとつ持ち合わせておらず、政府は国民がキリストを拝もうが仏を拝もうがたいして関心をよせていない。政府の恐れは、伝道師たちが下層階級の間で多大な影響力を持つようになり、ヨーロッパの思想なり世界観なりを浸透させるのに利用するのではないかという点にあり、それが政府の利益と真っ向から衝突するためである。

横浜の日本人区は四つの部分に分けられる。弁天、従来の町〔本町〕、ヤンキロー〔岩亀楼〕、そして郊外である。

弁天は町でいちばん貧しく汚らしい区域で、主として漁師と職人が住んでいる。その一区画が埠頭に面しており、欧州区に直接続いているため、これら日本人の家屋を犠牲にして欧州区を拡張させようという計画があり、おそらく近い将来に弁天の日本家屋は欧州区にすっかりのまれてしまうであろう。その傾向はすでにフランス領事館、オランダ領事館の建設によって始まっていて、日本の木造陋屋《ろうおく》の混沌のなかに壮麗な建築物が二棟、高々とそびえている。

本町は弁天の裏にあり、弁天を間にはさんで海岸からは引っ込んだ所にある。海岸線と平行して走る大通りをもつ規則正しい町並で、大通りどうしがまた細い道でつながれている。通りのうちの何本かは砂利を固めた道だが、ほかの道はたいてい土を固めただけのもので、雨天の少なくない横浜に雨が降ると、ぬかるみになってほとんど通行不可能になってしまう。家屋はふつう木造平屋建、湿気を避けて石の土台の上に築かれる。黒光りのする瓦で葺かれた屋根は中国の四阿《あずまや》を思わせて優美に弧を描いており、長く突き出した軒が紙の張ってある窓と戸を雨風から守っている。頑丈な木の壁のあるのは家の両横だけで、正面と裏には、木綿布のような白い紙の張られた左右に動かせる戸〔障子〕がついている。この紙は、どんなに貧しい家でも一年に何回か張り替えられる。これと木造の柱の自然な配色が、家がいつも新築であるかのような印象を与えている。あらゆる方面で発達している日本人の美的センスは、どんな種類の塗料、ラッカーよりも白木の自然な色を好むのである。新しい家は〔障子〕紙と白さを競い合い、古い家は樫の木のような艶を帯びて、こちらの美しさも捨てがたい。外観も内部も、日本の家は人形の家のようで、店で売っている小さくて洒落《しゃれ》たスイスの田舎家を思わせる。長靴で汚してしまいはしないか、重い体でつぶしはしないか、頭をぶつけて家をこわしてしまいはしないかと心配で、入るのがためらわれる。突き出た屋根〔廂〕はそれほど低くて屈まないと入れないし、前述した土台が、床を地面より一、二フィートほど高くしている。家の正面と裏側には、家の幅だけ小さなベランダ〔縁側〕がついており、通りで何か好奇心を湧かせるようなことが起きると、家の住人はたいていここに集まってながめるのである。まずベランダに上がり、引き戸それから家の内部に入る。中は大小さまざまな四角い部屋から成っており、引き戸〔襖〕で仕切ってある。この引き戸は移動することも取り払うことも好きなようにでき、住人は一日のうちいつでも思いのままに部屋の数、大きさ、形を変えることができる。戸や窓と同様、これらの引き戸にも紙が張ってあるが、たいてい風景や人物、植物、動物などを描いた墨絵の装飾がほどこしてある。風景画では、聖なる山富士山に出くわすことほぼ確実で、この山に対する日本人の関心はそれほど高く、可能な限りどこへでも描いているようである。さっと軽妙に描写されたこれらの絵の大部分に見てとれる芸術的センスには目を見張らせるものがある。それは特に動植物を題材にしたものにいちじるしい。しばしば滑稽に思われるほど細密な部分描写、不自然な姿勢、歪められ生気を欠いた硬直性――これら中国画に共通する特徴はここには見られない。たとえば飛び立つ鳥を描いた絵なら、その鳥は生命に満ちあふれて動きが生々しく伝わってくるような姿勢をとっていて、絵筆も自由闊達、ごく自然に流れ、画家が単なる模倣に終わることを欲せず、描写の対象をじっくり観察した上でその性質や特徴をよくわきまえ、それをまた紙の上に定着させる術を備えた者であることが納得できるのである。

日本家屋の床には一面に厚さが一インチほどの竹の皮のマット〔畳〕が敷いてあり、(3)その清潔さ、その白さは壁や窓に劣らない。質に違いこそあれ、その大きさと形は大君の城でも日雇いの小屋でもまったく異なることがなく一定しており、ためにこのマットは長さを測る尺度として使われる。例えば、ある部屋なり家は、長さが何マットで幅が何マットというように。

家具はほとんどないに等しい。日本人は椅子もテーブルもベッドも必要としない。これら有用だがかさばる家具の役割は、やわらかいマットの床が肩代わりしてくれている。食べたり飲んだり働いたり休んだりするとき、日本人はしゃがむかあぐらをかくか、ほかの東洋民族同様に片膝を立ててあごをのせたりするかする。寝るときには絹か木綿のふとんをマットの上に広げ、首から足まで届く一種の綿入りの室内服、キモノにくるまってその上に横になるのである。項《うなじ》の下には高さ五インチ幅二インチ、長さが六インチほどの小さな木製の台〔枕〕をおく。これは頭を前後に動かせるように底の部分に丸味をもたせてあり、上部には束ねた紙がのせてあって毎晩一枚ずつはがすようになっている。われわれがシーツをとりかえるのと同じことである。この台を使うのは西洋人にとっては拷問に等しく、五分も使っていようものなら首も項も我慢のできないほど凝ってしまう。目的に適《かな》わぬその形は、ひとえに日本婦人の見栄に帰せられるようである。つまり、趣味よく飾って結い上げられた髪型を夜もくずさずにおくには、枕を項にあてがう以外に手がない。髪は項からかきあげてあるので、項を枕にあてても結った髪が枕にも床にもふれることはなく、次の朝まで申し分のない状態にあるという具合である。

もっとも家具らしいものといえば、目につくのは裕福な家にのみある食事を運ぶための低い小型の机〔膳〕である。食事は屋外か、家の脇に建増しされたような台所で用意される。日本人の暮らしぶりは非常に質素である。ここではお米が最上最高の栄養源で、それに卵、魚、海老、乾豆、野菜が少々と、時に、宗教によって肉食が禁じられていない場合に限り、鶏の肉が加わることもある。これを全部、少量の酒に浸す(4)。酒は米から作る蒸溜酒で、作り方によってはたいへん強い酒になる(5)。日本の料理は少数の例外を除いて西洋人の口には合わない。その例外のひとつが魚で、鮮魚だけでなく干魚も非常に味がよく、生で食べることもある。最初のうち私は、舌にぴっとくるソースと一緒に出されるこの珍味(6)を勧められても恐れをなして手をつけなかったが、一度勇気を出して当初の嫌悪感に打ち勝ってからというもの、なかなかの味だということを発見した。食事は小さな漆塗りの木製の盆にのせられ、指と例の箸(7)を使って食べる。酒は磁器の瓶〔徳利〕に入れられ、カップ〔猪口《ちょこ》〕で飲む。

お茶は三食どれにも欠かせない飲み物で、それ以外にも一日中、ことあるごとに飲まれる。そのために薬缶《やかん》〔銅壺〕が部屋の中央におかれた大きな火鉢〔長火鉢〕で絶えず沸騰している。これはまた、冬には家を暖めるのにも利用される。洗った茶碗をのせた盆がその脇においてある。もうひとつ、日本人に欠かせない道具がいわゆるシバッツ〔火鉢、煙草盆〕で、煙草と煙管《きせる》と火の入った小さな箱である。[8] シバッツは形も値段もさまざま、普通は煙草用の壺と燠《おき》を入れる壺〔火入れ〕のついた単純な木製の箱だが、時には相当高価な家具の体裁をなしたものもある。この手のものは最高級の金と黒の漆で仕上げられ、銀の打出し模様が美しくほどこしてある。下の部分に煙草を入れる小さな抽き出しがついており、上には銀の容器がふたつ、ひとつは炭火用、もうひとつは煙草の灰を集めるのに使う〔灰落し〕。煙管は短い竹〔羅宇《ラオ》〕の両端に吸い口と金、銀、錫など金属の頭部〔雁首《がんくび》〕がついたもの。頭部は大きくても指ぬきほどで、それに細かく刻んだ糸状の煙草を詰めて、深く吸い込む。二、三度吸うと煙管の中の煙草は焼えつきてしまい、灰がたたき出される。そしてもう一服詰められるのである。日本では男も女も狂信的な喫煙者だが、興奮剤として煙草を吸うのではないので、中国でのように阿片を混ぜることは決してなく、もっぱら、のんびり快適に時間をつぶす一手段として吸われている。

もうひとつ、女たちが絶対に欠かせないものとして家に持ち込む大切な家具が化粧台〔鏡台〕である。大きさも形も子供用の小さな整理だんすに似ているが、前面に丸い金属製の鏡が取り付けてあり、その汚点ひとつなく光る平面に、美人の姿が映し出されるのである。自尊心のある日本婦人なら誰でも一日のうちの何時間かをこの家具の前で過ごす。たくさんの小さな抽き出しには、生まれつき恵まれているとはお世辞にもいえない顔を美しくすべく、ありとあらゆる品々がしまってある。櫛、髪油、紐、かんざし、顔や首や腕につけるおしろいや米の粉、口紅、歯黒、鬢《びん》や項の毛を引き立たせるのに使う茶色の塗料〔油〕等々等々。ここにはなんでも入っている。私は横浜の店で上流婦人用の立派な化粧台を見たことがある。前述のような化粧台が三台分一緒になったもので、[9] 五十もあろうかと思われる指の長さほどの小箱に、同じ数だけの種類の化粧品がつまっていた。

どこの家でも部屋の隅の棚の上に木でできた小さな祠《ほこら》〔仏壇〕があり、[10] その扉の中には仏像か女神[11]がたくさんの供物に囲まれ、夜は燃えるろうそくに照らし出されてひっそりと安置されている。家の中の照明はたいてい西洋の終夜灯に似た小さな行灯《あんどん》、あるいは紙を張った提灯《ちょうちん》に安物の獣脂《じゅうし》ろうそくを入れたもの、もしくは床に立てる木製の丈の高い燭台である。

日本人の家庭生活はほとんどいつでも戸を開け広げたままで展開される。寒さのために家中閉め切らざるを得ないときは除いて、戸も窓も、風通しをよくするために全開される。通りすがりの者が好奇心の目を向けようとも、それをさえぎるものは何ひとつない。日常生活の細部にいたるまで観察の対象にならないものはなく、というよりむしろ、日本人は何ひとつ隠そうとせず、持前の天真爛漫さでもって、欧米人ならできるだけ人の目を避けようとする行為さえ、他人の目にさらしてはばからない。どこかの家の前で朝から晩まで立ちつくしていれば、その中に住んでいる家族の暮らしぶりを正確につかむことができる。隣の家でもまったく同じことをしているので、下層階級の家の中の様子、習慣、朝はおかみさんがふとんをたたんで押入れに入れる瞬間から、夜また同じふとんを広げて横になるまでの毎日の暮らしぶりをはっきりつかもうと思ったら、これほどたやすいことはない。お客に行ったり来られたり、おしゃべりもする、煙草も吸う、お茶を飲んだり食事をしたり、夫婦喧嘩をはじめ、ほかのありとあらゆる葛藤の場面が見てとれる。その滑稽さに、観察者の興味が長いこと釘づけにされてしまうこともしばしばだが、喧嘩をしている当人たちは、観察者の存在など一向に気にしない様子だった。同じことは、鏡台の前に座って肌を脱ぎ胸をはだけて細部にいたるまで念入りに化粧をしている女たちにもいえる。全神経を集中させてしている化粧から一瞬目をそらせ、たまたま視線が通りすがりの西洋人の探るような目に出合ったとしても、頰を染めたりすることはない。

日本の通りの眺めほど活気のあるものはない。男女を問わず大人も子供も交じり合い、叫びつつ笑いつつ、やかましい音を立てたりおしゃべりしたりしながら先を急いでいく。男たちは地位身分相応に、しかつめらしく威張ったり、陽気で気軽に歩いたりしていく。

何人も従者をしたがえた立派な役人は、左右に視線を走らせるような真似はしない。世の中など存在しないとでもいうように、それとも、高邁遠大《こうまいえんだい》な考えで頭がいっぱいなのか、あたりの雑踏など気にもかけない。ほんのまれに町人のうやうやしい挨拶に答えることがあるが、町人の挨拶といっても以前のようにひざまずくのではない。今の横浜は、西洋人の存在のおかげで下の階層の人々が自負心を抱くようになり、伝統的な慣習のいくつかが振り捨てられて、以前のような黙従はあまり見られなくなっている。

役人とは対照的に、ごく平凡な人々、商人とか職人、工芸人の類いは、周囲の出来事に鈍感ではない。ちょっとした事件、なんであれ見なれぬ場面があろうものならたちまち道をそれ、目を丸くして口をぽかんとあけて立ちつくすか、さもなければ目の前の奇妙な出来事に口をはさみ、茶化したり笑いとばしたりする。着飾った小柄な娘たちは、通りを行くときにははにかんで頬を赤らめ、穴にでも入って隠れてしまいたいといいたげにちょこちょこ歩いていく。高下駄をはいているのは通りの泥で足を汚さないためである。一歩運ぶごとに膝と膝とをすり合わせるので、よろめきはしないかと見ている方が心配になる。大きく結い上げた髪が重たげで、身体の均衡をくずしてひっくり返りはしないかと気が気でなくなる。けれどもそんな心配をよそにして娘たちは、頰を染めて高らかに笑いつつ、よろめきながら先を行く。そうして無事に港へたどり着くことができて自分でもびっくりしたような顔をしているが、日本の娘がどんな風に町を横切っていくかをはじめて目撃した西洋人の驚きもひと通りではなかった。子供たちは楽しそうにはねまわり、おもしろい遊びに興じて歓声を上げている。まだ小さいうちは男の子と女の子を見分けるのはまず不可能、女の子が少し大きくなって、娘たちの着物と同じだが形だけ小さいものを着るようにならないと区別は難しい。けれどもみんな黒い目が笑っており、頰も赤く、白い歯が光っている。どの子もみんな健康そのもの、生命力、生きる喜びに輝いており、魅せられるほどに愛らしく、仔犬と同様、日本人の成長をこの段階で止められないのが惜しまれる。

これら陽気で清々しい子供たちと正反対なのが、やつれて不健康で嫌悪感をもよおさせる連中、長くて汚らしい服に身をつつみ、片手に杖、もう一方の手には笛を持ち、のろのろ歩いている連中である。笛を時折口にあて、耳をつんざくような単調な音を立て、盲人に道をあけるよう、通行人に注意を促している。あるいはまた悪漢と乞食の中間の連中、門から門へと訪ね歩き、呪いのように聞こえる祈りを唱え、鐘を鳴らして家の中の住人の注意をひき、底なしの袋にお布施をたっぷりもらうまではその場を離れるつもりのないことを告げる。頭には幅の狭い編笠をかぶっているので顔を見分けることができないが、態度はいたって傲慢、お布施の受け取り方もきわめて横暴で、お布施を人間味あふれた恵みではなく、未納の年貢の取り立てか何かのように思っているらしい。

ありとあらゆる種類の行商人〔野師のたぐい〕が通りをのし歩き、驚くばかりの口達者ぶりを発揮して品物を売りつけている。そちこちに人だかりができているのは、咄《はなし》をして聞かせる男の周囲に集まって神妙な顔で耳を傾けている連中か、かなりあだっぽい大きな麦わら帽〔笠〕をかぶった旅回りの女芸者の一組がギター〔三味線〕に合わせて歌うのを聞いている連中かのどちらかである。ほかのところでは賭博師が人気を集めている。一種のルーレットのようなものに安い金を賭けると、砂糖菓子や飴が当たる。このお菓子、子供たちならよだれをたらしそうだが、なんとも怪しげな形をした代物である。

どの家もたいてい店になっていて、表に面した部屋に売り物が並べてあるので、道からいろいろと品物をながめて選ぶことができる。売り手と買い手の間で会話が弾まずに商売の成立することは稀である。買い手に脈がありそうなときにはお茶が出され、卵と小麦粉と砂糖で作ったおいしいお菓子、カステラがつく。そうして、商売の話の前にまず話題の出来事に話を咲かせるのである。

大衆食堂では娘たちが何人も働いていて、煮物や揚げ物の給仕をしたりで忙しい。少し年のいった女性が監督で、陽気すぎる娘たちを制し、若い男たちとおしゃべりしたりふざけたりするのを止めさせようとしているが、一向に効き目がない。通りにはひっきりなしに屋台の食べ物屋が行き交っている。屋台は四角い木の箱二個でできていて、前面の下の方に〔俎《まな》〕板《いた》があって主人がその後ろに立ち、屋台全体を紙の衝立がおおっている。箱のひとつには炭火と炭が、もうひとつには卵、ご飯、カニ、魚などの材料が入っている。真ん中の板には料理の逸品が並べてあり、どれも清潔で見事にこしらえられていて、思わず食指を動かされる。中でも生の魚のケーキ〔握り鮨〕はなんともいえぬほど見た目に美しく、魅了させられてしまう。

日本区の通りで横浜在住の西洋人を特に惹きつけるのが、イギリス人の名づけて曰くCuriosity Street、フランス人はrue de biblotsと呼ぶ骨董通りである。この通りは外国人居留地と弁天を結んでおり、横浜に住む西洋人相手の商業活動をはじめ、ありとあらゆる活動の動脈となっている。骨董通りの名は、外国人がいちばん欲しがる高級品や美術品を売る店が、通りの両側に軒を並べているところからきている。ここは漆器、青銅、象牙、磁器、水晶の展覧会といった趣をそなえており、文字通り目が眩むばかり、いずれも品数が豊富で値段の方もさまざまである。日本で骨董品を集めるのには危険が伴う。滞在間もないころはなんでも素晴らしく見えて安物で満足してしまうが、何度も店に通っているうちに粗雑な漆器と美しい漆器、粗悪な青銅、良い青銅、磁器の古い新しいの区別がつくようになる。だんだんと選《え》り好みをするようになり、物が古くて珍しいか、あるいは仕上げが凝っているかして日本人の目にも非常な価値があると認められるようなものしか買わなくなり、門外漢にはその十分の一で買える品とたいして変わらないように見える骨董に大枚をはたいて顧みない。ヨーロッパでは陶器や古書に示されるマニアぶりが、日本では磁器、漆器、青銅、象牙に集中される。見すぼらしい壺の破片、なんということもない箱、貧弱な象牙の像に五十リグスダーラー以上もの金を払い、いい買物をしたのがうれしい、まちがいなく掘出し物だ、などと得意になって友人たちに見せびらかすのである。

横浜で骨董品を売っている日本人は、その大半が品物の生産地である江戸、大坂など大都会の富裕な商人、手工業者の販売代理人である。西洋人の珍品に見せる偏執ぶりを最大限に利用し、これらの骨董商はすでに古い物に細工をすることを知っており、経験の少ない者だとそのあまりの巧妙さにだまされてしまうことが往々にしてある。例えば以前は極上のごく稀な漆器類だけに工場の、いや製作者の名を記していたのだが、昨今はもう最悪品を除いてどれにも優雅な金字の名前が入れてある。これは明らかに買い手を罠にかけようとしたものにほかならない。

商人のほとんどが英語とフランス語を少し話すので、よく使われる日本語の表現(これはすぐに覚えられる)を知っている外国人なら、わけなく意思の疎通が可能である。日本人は中国人にひけを取らないほど取り引きの才能を備えており、客の良し悪しをひと目で見抜いてしまう。まず最初に歓迎の挨拶「オヘイオー」(お早よう)が親しげに交わされると、商人は客の気に入りそうな品物を指し示す。手始めにあまり高くない品物を見せ、客が満足でなさそうだと見てとると段々珍しいものを出してきてはきれいに拭いてその美点をいろいろとならべあげ、「イチバン! イチバン!」(一番)と叫ぶ。この部類の美術品になると、入手したいという欲求に打ち克つことはもう難しく、「クラ?」(いくら)の質問で取り引きが始められる。返ってくる答は普通、品物の実際の価格を三倍にした値段である。こうして駆け引きが開始され、何時間にもわたって手振り身振りも活発に、おたがい何度も「アナタ! マコト、マコト?」(本当の値段は?)を繰り返して延々と続けられるのである。あまり安い値をつけたりすると商人はがっかりして視線を上げ、両手をあげて「ああ！」と溜息まじり、「私をなんだと思ってるんだ、この品物をなんだと思ってるんだ、そんな安値をつけて！」と泣き言をいわんばかりになる。結局双方とも歩み寄りを見せ、たいてい、最初の値段の半額ほどで品物を手に入れることができる。商人は手を打ち、「ヨロシイ、ヨロシイ！」と叫ぶ。これは商いが成立したという意味で、そうしながらも、いい商売をしたという喜びを無理に隠そうとしてかえって隠し切れずにいる。時によっては取り引きは何日も何週間もかかることがある。客がその店の品物をたいそう気に入っているようだと見てとると、商人はほんの少ししか値を下げない。そうした場合には時間をかけて何度も店を訪れ、夢に見るほど欲しくてたまらない品物に無関心を装う必要がある。運さえ良ければいつの日か、その品物をかなり安い値で手に入れることができるかもしれない。

訳注

（1）植民地時代に生きたスエンソンの西欧中心主義が無意識のうちに露呈してしまっている。

（2）いうまでもなく、*The Japan Herald*（一八六一年創刊）と *The Japan Times*（一八六五年創刊）である。

（3）藺草《いぐさ》と竹皮の区別がついていない。

(4) ここは味醂《みりん》のことであろうが、何から何まで全部浸していたわけではあるまい。
(5) 蒸溜酒である焼酎と醸造酒である酒との混同は今に続いている。
(6) 山葵《わさび》醤油をそえられた刺身であろう。
(7) 例の、とあるところから、箸がすでに知られていたことがわかる。
(8) ヒバチのつもりでヒをシと発音しているのは興味深い。なお、火鉢と煙草盆が以下で時々混同されている。
(9) 三面鏡のことであろう。
(10) 原文には pagoda なる語を用いているが、それを寺の塔はもとより寺社・塔頭《たっちゅう》として使ったり、ここでのように仏壇として使用したり、混同がはなはだしい。
(11) 観音像のことかもしれないが、性別を分けているところが注目される。

四　横浜III〔岩亀楼〕

ヤンキロー〔岩亀楼〕は横浜の遊廓である。(1) 本町の裏を埋立てた所にあり、四方を運河で囲まれていて、橋が一本だけかかっている。道路はこれだけで、警察がそこの住人とそこを訪れる人々を厳しく監視できるようになっている。何軒もあるジョラヤ〔女郎屋〕あるいは茶屋のおかげで、町でいちばん立派な建物のある美しい区域になっている。この種の盛り場の常として、岩亀楼はその姿を夜にしか見せない。茶屋の正面、見事な二階建の建物は、夜になると、日本の標準に比べたら文字通り眩《まばゆ》いばかりに照らし出される。地上二フィートぐらいの高さの欄干が通りから格子窓を隔て、その中には若い女たちがシバッツ〔煙草盆〕を前に並んで床に座っている。みな高価な絹の衣装をつけ、髪には金銀のヘアピン〔簪《かんざし》〕をさし、首も顔もべったりと厚化粧をしているので、生き物というより蠟人形である。なんだか気味が悪いという印象は、女たちがほぼ不動であることによっていっそう強められる。不動の姿勢がくずれるのは、湯呑を口に運ぶときと、煙管《きせる》に煙草を詰め、煙の柱を二、三度吹き上げるるときだけである。しかし、日本人の目には気味悪いどころか、これら厚化粧の女の一群は、その美と艶、豪華な衣装で男たちを惹《ひ》きつけてやまない。

広い入口に濃い色の幕〔暖簾《のれん》〕がかかっている建物の中に入ると、畳の敷かれた大きな部屋に出る。その中央は四角い中庭になっていて、上も下もムーア人やスペイン人の家のように幅広い回廊に囲まれており、各階の内側が木の植わった中庭に面している。普通の紙を張った引き戸〔障子〕が回廊とその奥に並んでいるほとんど家具のない大小さまざまな部屋とを仕切っていて、色彩のほどこされた紙製の燭台の神秘的な薄明りが、何人もいる娘たちの一団を照らし出している。長火鉢のまわりに集まってお茶を飲んだり煙草を吹かしたりおしゃべりをしたりしながら、陽気に冗談をとばしたりふざけたりして外来の客の注意を引こうとしている。

大きな茶屋では百人以上のムスメ〔芸妓や舞妓〕を抱えていることも少なくなく、その多くはやっともう子供ではない年頃になった娘たちである。初々《ういうい》しさが消え、皺が出てこようものならたちまちお払い箱になるか、もしくはオバサン〔遣り手〕として娘たちの監視役をさせられるのが普通である。娘たちは歌い手のゲーコ〔芸妓〕、踊り手のオドリ〔舞妓〕と遊女のジョロ〔女郎〕と三段階に分けられる。そのうちゲーコとオドリは茶屋に属しているとは限らず、どこでも好きなところで仕事ができ、貞節の誓いを立てているので、それを厳格に守っている。

日本の唄は美しいといえたものではないし、歌い手の声がたいてい甲高い鼻声であるにもかかわらず、時折覚えやすくて耳に快いメロディーがあって驚かされる。歌い手はサミセン〔三味線〕と呼ばれる三弦のギターを伴奏に使う。弦は指ではなく、熊手形をした象牙の撥《ばち》で弾く。ほかの楽器を使うこともあり、例えば、膝の前においてギターと同じように弾く巨大なハープのような形をした大きなサミセン〔琵琶のことか〕、リュートと同じ要領で作られているコト〔琴〕などである。いちばん神経にさわる楽器は、気絶してしまうほど耳をつんざかれる鉦《かね》である。中国同様ここでも、音楽演奏には欠かせないようだ。

日本の踊りは、西洋人がダンスと呼んで理解しているものとはまったく異質である。踊りは、本来のダンスというより、さまざまな姿勢の総体から成っているといった方がふさわしい。前にも後ろにも引きずって歩く踊り手の長い衣装は両足をすっかり包み隠しており、動作をはなはだ鈍重にしている。両腕も幅の広い袖に包まれているが、こちらは比較的活発な動きをする。指は絶えず動かされ、閉じられたかと思うと発作的に広げられ、奇怪に捩《よじ》られる上体の動きとともに、観客を麻痺させるほどに魅了してやまない。踊り手は時に性格ダンスもするが、これは物真似が要点で、生き生きとして軽妙な動きが要求される。私は一度〔一八六七年五月に〕長崎で、十四歳の踊り手がこのような踊りをしたのを見たことがある。私の理解できたのはそのほんの一部、何か良くないものでも食べたのか激しい腹痛におそわれたらしい場面だけだったが、そこをその踊り手は肢体を捩《よじ》ったり顔をしかめたりしながら苦痛を悲喜劇的に表現して見せていた。それがあんまり真に迫っていたので、見る者みな笑いをこらえきれず、大爆笑になってしまった。

唄も踊りも日本では評価が高く、たしなみの良い女性の習うべきこととされている。すぐれた女師匠の指導のもとでの長年にわたる稽古が必要で、茶屋にはいつも、両親の意向で芸の道を選ばされた小娘たちが十人ほどいる。芸の手ほどきを受けてから一人前になるまでの間、その代償として、お客の相手やムスメたち〔芸妓や舞妓〕の化粧の手伝い、使い走り等々、ありとあらゆるこまごまとした仕事をさせられる。残念ながらこの子たちは往々にして、あまり品行方正とはいえない種類のゲーコがする仕事にまわされてしまうようである。

日本のゲーコは、ほかの国の娼婦とはちがい、自分が堕落しているという意識を持っていないのが長所である。日本人の概念からいえば、ゲーコの仕事はほかの人間と同じくパンを得るための一手段にすぎず、〔西洋の〕一部の著作家が主張するように、尊敬されるべき仕事ではないにしろ、日本人の道徳、いや不道徳観念からいって、少なくとも軽蔑すべき仕事ではない。子供を養えない貧しい家庭は、金銭を受け取るのと引きかえに子供たちを茶屋の主人に預けても別に恥じ入ったりするようなことはないし、家にいるより子供たちがいいものを食べられ、いいものを着られると確信している。

しかし、この不道徳行為が一種の奉仕とみなされる例はごく稀にしかなく、そのうちでもっとも顕著な例の場合でも、売春という不名誉な手段を神聖化するのは、目指す目的そのものが善なるときに限られる。例えば下関の町〔稲荷町〕には日本中に知れわたっている立派な茶屋〔鞆屋《ともや》〕があり、そこの女の住人は世間一般の尊敬を集めてしかるべき存在だった。いや、今でも尊敬の的になっているかも知れない。その茶屋は何百人もの娘をかかえていたが、実は何世紀も前に、夫のミカドが巻き込まれていた不幸な戦争に必要な費用を捻出するため、さる皇后が創設したものだった(2)。

ゲーコの多くは、前もって定められた年数を茶屋で過ごしさえすれば契約が切れ、誰にも妨げられずに家にもどることができて、まともな結婚さえ可能である。おそらく、ゲーコという仕事からいずれ自由になれるという思いがあるからこそ、多くのゲーコは多かれ少なかれ喜んで勤めをし、健康や若さ、気まぐれないたずらっぽさ、さらには心根の良さと子供心を失わずにいられるのであろう。娘たちは西洋人をふくめて男の知己と気安く親しくなり、その振る舞いは控え目で慎み深く、好んで罪のない恋の手練《てれん》手管《てくだ》にうつつをぬかし、特に自分を慕う男たちとの文通に熱中する。ところが文通とは名ばかりで、女の側からのみ手紙が送られるのが特徴で、しかも、もしも日本語以外の言葉で書かれたのなら、女たちの恋の相手をひどく傷つけかねないような文面である。幸いなことに日本語の文字を読み分けることのできる西洋人は数えるほどしかいない。私はかつて、これらの書簡のいくつかをフランス語のできる日本人が訳すのを聞いたことがある。その内容はというと、あったかなかったかわからない不貞行為に対する非難だったり、久しく訪れないことへの恨み言、あるいはまた、愛する男が出発するのを心から悲しみ、いつまでも忘れぬと熱く誓った感動的な手紙だったりする。

ヤンキロー〔岩亀楼〕には日本式の劇場がある。観客は主として町の下層階級で、後段で述べる江戸や大坂の劇場とは比較にならない。

これほど西洋的でないヤンキローを見てきたところで、この施設の誕生にあずかったのが、ほかでもない、まさにヨーロッパ人だったと聞いたら、驚くかもしれない。事の次第は、外国公使館が日本政府にヤンキローの設立を提言、外国人船員と日本人の間で頻繁に起こっていた喧嘩を未然に防ごうとしたのだった。茶屋は当時は町中に散在しており、そのために警官が監視の目を充分に光らせることができないでいた。日本政府は提案に賛成し、日本の大都会ならどこにでもあるのと同程度に趣向の良い施設を、現在の場所に建てさせた。(3)

日没から真夜中ごろまで、ヤンキローとその周辺の通りの人だかりといったらたいへんで、日本人、中国人、欧州人を問わず、横浜中の男の住人が集まってきたような盛況である。施設に通じる橋の上、「お山」の同僚たちが「溜息橋」とうがった名前をつけた橋の上では僧侶が二、三人、とどまるところを知らずに橋を渡って流れていく軽率な輩たちに天の恵みを祈り唱えている。ごくたまに、魂の平安を祈ってくれる僧侶の温かい慈悲に対し、小銭を投げて感謝する者がいるが、必ずあくどい冗談のおまけがつく。橋の内側は警察の取り締りが厳しく、人の往き来を見守り、千鳥足の連中を追い払ったり、外国人を見張ったりする。外国人がそこへ来るのは快楽を求めてではなく、ごく自然な好奇心を満足させるためであるのがひと目でわかる。

初めてこの場所を訪れる欧米人は、町の周辺がとても安心できるような雰囲気ではないために、ここの警察がしっかりしているのを知って思わずほっとする。人ごみはまったくもってはなはだしく、今にも騒動が起こるのではないかと心配になるほどだ。西洋人の服は派手すぎて人の目につく。ほとんどわからないからいいようなものの、汚らしい声で日本人が何かいってくるのが耳にさわる。そしてこちらも疑い深い目で周囲の色黒でずんぐりした連中を観察する。みんな頰被《ほおかぶ》りをしていて、見えるのは黒く光るふたつの目だけ、日本人はこうして顔を知られないようにするのである。しかし、西洋人の疑い深さも、日本にごく短期間滞在するだけでたちまち霧消してしまう。これら変装した人々が、人の好いおとなしい職人たちで、頰被りの下には正直で善良な顔を隠しており、口汚いかけ声も、辺りの連中を笑わせようと時々外国人をだしにして発せられる単なるふざけ半分の気まぐれにすぎないことが、やがてわかってくるからである。

真夜中近くになると人ごみが途絶え、あたりの騒がしさも止む。茶屋の灯も消されるが、そこかしこからかすかに聞こえてくる弦の音、人の声、笑い声が、夜の遊びがまだたけなわなのを知らせている。日本区はすべてがひっそりと暗闇に包まれている。家々は鎖ざされ閂《かんぬき》がかけられ、通りで人に会うことはない。ほんの時たま、客に呼ばれた帰りであろう、善良な市民が女房に腕を支えられよろめきながら歩いている。手には丸い提灯をさげ、それには、警察の目に入りやすいよう、大きな黒い字で男の名前が書いてある。この静寂は時折、警察の見回りがジャラジャラ鳴らす杖の音に断ち切られる。この騒音は何マイルも離れたところからさえ聞こえるので、警察の有能な活動ぶりを知らない人間には、悪人をつかまえるのではなく、悪人に注意を促す目的で歩き回っているのではないかと疑われかねないくらいだ。見回りはふつうふたりで、鉄をかぶせた長い杖を持って一歩ごとに地面をついて歩く。杖の先端につけられた二個の環がそのたびにぶつかりあってものすごい音を立て、耳の悪い悪人どもでさえ、早々と逃げおおせるというわけである。

この、犯罪者に対するかなり人間的な対処の仕方を補う意味でか、日本人区域の通りのほとんどには門があって閉鎖されている。こうして、門に配置された警固人の目を逃れて一区画から別の一区画へ移動することができないようになっているのである。こうすると犯人を取り押さえるのが非常にたやすい。もっとも、門が実際に閉じられ、警固人が所定の場所にいればの話で、残念ながら、そうでないことが往々にしてある。

横浜の郊外地三ヵ所のうち、ひとつは欧州区の南に、もうひとつは町の北西、ヤンキロー〔岩亀楼〕の向こう側にある。ここには主として職人と漁師が住んでおり、本町と非常に似通っている。ただ家並みはたいていみすぼらしい。例外は、日本人兵士と役人の兵舎に使われている矢来や板塀に囲まれたいくつかの大きな建物である。

訳注

（1）岩亀楼はいちばん有名だったとはいえ茶屋の一軒にしかすぎないが、遊廓全体をさす呼称として使われている。

（2）この項の記述は、ルドルフ・リンダウ『日本周遊旅行』（森本英夫訳、『スイス領事の見た幕末日本』、新人物往来社、一九八六年）第三章によっているようである。『下関神社誌』によれば、源平合戦で生き残った上臈官女・妻妾等が遊郭の起源という。

（3）これとほぼ同じ記事がリンダウの前掲書第九章に見える。

五　横浜Ⅳ〔横浜から下関へ〕

八月十五日、「お山」でナポレオンの日の祝典が行なわれた。現今の王朝がフランス皇帝の座を占めている限り、この日がフランスにとって最大の祝日といって良かろう。横浜カトリック教会が歌う讃美歌「テデウム（Te Deum）」で厳粛に祝われ、夕方、士官と海兵隊員が同席した記念晩餐会では、皇帝ならびに皇后陛下、皇太子殿下より贈られた乾杯の杯がうやうやしく飲み干された。

小規模な欧州区の住民にとって、その頃は祝い事の重なる時期だった。それより十四日後〔八月二十九日〕、イタリアのコルヴェット艦、マジェンタ号（Magenta）の指揮官[1]と士官が、町の著名人全員を招いて祝賀会を開いた。指揮官は日伊間の通商和親条約を締結する任務を負っていたが、フランス公使〔ロッシュ〕の仲介により、思ったより短期間に目的を達することができたのだった[2]。欧州区の列強は、いかなる条約締結国も喜んで歓迎していた。日本に外国貿易の門戸を全開させようという課題に興味を示す国の数が増えれば増えるほど、将来への見通しは明るくなり、今もって時折日本人と欧米人との関係を暗くさせる黒雲におおわれることがあるが、それにもかかわらず心強くいられるからである。日本人が、外国人の接近を阻止あるいは延期しようとして頑固に反抗したり、魔法の杖を用いて能う限りの障害を引き起こさせた時代はもう終わった。日本人は欧米人の熱心な和親提議を退けるのが不可能だと見てとると、そこから一歩進んで、なるべくたくさんの外国諸国が日本へ代表を派遣してくる状態を望むところにまで来ている。これらの諸国がおたがいに向ける嫉妬こそ、ある一国が出過ぎた無礼を働くのを防ぐ保証になってくれるからである。

その間、フランスのコルヴェット艦ラプラス号（Laplace）が瀬戸内海への航海より横浜に帰港していた。(3) 当分の間私はそこで勤務することになったが、近い将来日本を訪れることになっていた司令官船のフリゲート艦ゲリエール号（Guerrière）からの連絡を、首を長くして待っていた。この船に最終的に配属されることを願っていたからだ。その連絡は思ったよりもずっと早く届き、その内容には一驚させられた。

九月七日、郵便船が香港より急送公文書をもたらし、その中でローズ提督は、コルヴェット艦ラプラス号と通報艦キエン・チャン号に、陸上配置になっていた部隊から百五十名の海兵を連れ、野戦砲数基ほかの兵器を運んで、北直隷《ペチリ》湾にある中国の小港、芝罘《チーフー》(4)に直行し、三色旗の列に加わるよう命令を下していたのだった。いくつかの私信は、それが朝鮮への遠征を意味していることを伝えていた。朝鮮ではキリスト教信者に対して残酷な迫害が加えられ、フランス人修道士が八人も殺害されていた。

これらのニュースに艦上では歓呼の声が沸き起こった。戦闘になりそうだという予測、しかもまったく未知の国での戦闘と聞いただけで全身の血が沸き上がり、想像をたくましくしたのであった。指揮官から命令の受理より三十六時間以内に出港すべきことと指令されていたために、その実施を目指して誰もが熱心に働いた。出発命令の時刻までの時間は限られているにもかかわらず、なすべきことは山ほどあって、決められた時刻までに成し遂げるのは不可能に思われた。ところが、フランスの海軍にはそのようなときに叫ぶモットーがあり、難題を吹き飛ばしてしまうのだ。そのモットーとは「なんとかやれ！」（Débrouillez-vous!）で、誰しもなんとかできるだけのことを工夫してやりぬくのである。準備を遅らせることになる厳しい規則など糞くらえ、仕事の邪魔になる配慮もことごとく踏みにじられる。そうして各自したいようにして目的に到達するのである。三十六時間ぶっ続けの大忙し、ものすごい乱雑、耳をふさぎたくなるほどの騒音ののち、われわれは九月九日早朝に最後の海兵隊員を乗船させ、日本に残るという辛い運命に甘んじざるを得なかったお山の士官たちと握手を交わし、錨を上げて中国へ向かった。老朽と弱いエンジンのために二流の船になり下がっていたキエン・チャン号は綱で引いていかなければならなかったが、ともかく降りしきる雨と濃い霧の中、われわれの船は煙を上げて浦賀水道の外へ出た。

ところが、外海へ出て火山島〔伊豆大島〕を過ぎるや否や、南西の暴風に見舞われた。雄風と荒海の中、夜通しがんばったがその甲斐もなく、小型のキエン・チャン号は波にもまれて激しく横に揺れ縦に揺れ、今にも危険な目に遭いそうな有様、気圧計も不気味に下がる一方で、あくる日、われわれは避難所を見つけざるを得なくなった。陸を視界に入れんとして進路を北にとり、正午近くに伊豆岬〔石廊崎か〕を確認、指揮官は下田に入港することに決める。下田は浦賀水道への入口の西南に位置する小港である。午後三時、絵に描いたように美しい小さな入江に錨を下ろす。入江は町の波止場になっていて、猛り狂う嵐からのがれることができた。辺りの景観は素晴らしいの一語につきた。美しい岩肌は下の方が見事な洞になって弧形を描いており、上には繁茂する森や灌木の類。山腹も谷間も豊かに耕されていて、田園的な自然の美しさに囲まれた小さな町が、平和で穏やかな微笑を送ってきた。

下田は短期間、アメリカ人に開かれていた町である。近来の日本情勢にきわめて重要な役割を果たした総領事ハリスは、一、二年の間この町に住んでいたことがある。ところがそれ以後この町は忘れられてしまい、貿易の方でもたいした意義を持つにいたらなかった。ほんのわずかなジャンク船が波止場に横づけになっていただけで、長く伸びた石で築かれた防波堤が、欧米列強の影響がここにも押し寄せてきていたことを物語っていたが、港で商取引が行なわれているような様子は見てとれなかった。下田では一八五四年の〔十二月〕、ロシアのフリゲート艦ディアナ号が激しい地震にあって残骸だけになってしまった（日本では、この国が火山でできていることを地震のたびに思い知らされる）。何回か震動が繰り返されるうちに海底が隆起、海の深い所に錨を下ろしていたフリゲート艦は錨を中心点にして何度も振り回されたあげくにいきなり座礁させられ、長いことそのままになっていた。ジャンク船も多数岸に打ち上げられて、町はほぼ完全に破壊された。

日暮れ前に町をひと目見ておこうと上陸すると、非常に礼儀正しい役人が三、四人待ち受けていて、案内をしてくれるという。この折目正しさの真意がどこにあるか、こちらにはちゃんとわかっていた。要するに下田が西洋人には開港されていないことを口実に、われわれが辺りを自由に歩きまわるのを妨げようというのである。われわれはあらゆる手をつくして退屈きわまりないお供を御免こうむろうとした。ところがこの見張り人たちは、こちらがていねいな言葉を使おうがおどかそうが、頑として聞き入れない。相変わらずうやうやしい表情で微笑しながら、フランスの士官に面会できたことの限りない喜びをいい立てる。結局こちらがあきらめて随行を承知せざるを得なくなったが、幸いほかのときほど面倒な目に遭わずにすんだ。

町にはかなりきれいな寺が二、三あっただけで、ほかに見るべきものはなかった。寺は墓場に囲まれていて、その向こうには豊かに実った稲田が広がり、樹木におおわれた山並みの麓まで続いていた。町の住人は長いこと西洋人を目にしていなかったと見えて、われわれは人目をひいた。子供たちは叫びながら逃げ出し、娘たちは急いで家の中へ走り込む。が、男たちは群をなしてわれわれをじろじろ見つめた。日本人の下層階級がみなそうであるように、彼らも善良で陽気、こちらからひょうきんな身振り手振りで挨拶を送ると、みんなでどっと笑い、言葉を交わして制服を賞めたたえるために近寄ってきた。すると若者たちも元気づいて好奇心を満足させようとしたために、われわれはたちまちのうちに人だかりに取り囲まれてしまい、役人たちの助けなしにはその場を抜け出せなかったほどだった。

次の日の朝〔九月十日〕、嵐はまだおさまっていなかったが、風向きがわれわれにとっては好都合な北西に変わったので、この機を待ち焦がれていたわれわれは、航海の旅を続けるために、親切な下田の波止場を後にした。

指揮官の予定では〔瀬戸〕内海を抜けて下関に達し、そこから朝鮮〔対馬〕海峡を通って北直隷湾に行くことになっていた。いわゆる内海は日本語ではスオナダ〔周防灘〕といい、世界でも指折りの美しい海域である。北と東からニッポン〔本州〕、南から四国、西から九州と日本の三大島に囲まれていて、お伽の国のように素晴らしい緑におおわれた海岸線の内側に、深く穏やかな水をたたえている。澄んだ水の表面のそこここには大名の中世の城が白壁を映しており、限なく耕された谷では小さな魅惑的な村落があだっぽく顔をのぞかせている。数百にも及ぶ小島は緑の草木におおわれ、新鮮な花束のように水から突き出ている。やがて海岸線と島々とが徐々に接近して狭い海峡となり、奔《はし》る潮の流れに水は泡立ち、飛沫《しぶき》をあげ、岩にぶち当たって砕けるが、ふたたび島々と海岸線はおたがいに離れ合い、広々とした水面で海水も平衡をとりもどす。[5] 強風下にジャンク船の白帆が風をはらむことはめったにないので、おびただしい数の舟が嵐と大波を避けて紺碧の内海に白い縞模様をつけ、海岸地帯の産物を内海の大貯蔵庫である東の兵庫と大坂、西の下関と長崎とに運搬するのである。

紀伊水道と南ではオスンゴ〔豊後〕水道[6]が〔瀬戸〕内海と太平洋をつないでいる。前者はニッポン〔本州〕と四国の、後者は四国と九州の間に位置する。内海は西で狭い下関〔関門〕海峡から朝鮮海峡に連なっている。下関海峡はニッポン〔本州〕と九州の間にあって潮の流れが速い。

九月十三日、相変わらずの嵐の中、オスンゴ水道に入った。(7) 土砂降りで霧が深く、指揮官は敢えて航海を続けようとはしなかった。夜、四国側の海岸で錨を下ろす場所を探したが、どこも海岸線に至るまで水深が深くて果たせず、帆を少し上げたまま夜を過ごさねばならなかった。次の日〔九月十四日〕は天候が少々回復したので、われわれを内海からへだてていた〔豊予〕海峡を越えた。海面こそおだやかだったが霧は依然として濃く、まだあまりよく知らない水域に深入りすることはためらわれたので、夕方、ヒメシマ〔姫島〕という小さな島の近くで錨を下ろした。この島の南に小さな入江があり、格好の投錨地だった。

雨がひどくて上陸できず、船から辺りの様子を観察するにとどまる。島の両端に球形をした山が高くそびえていたが、これは死火山らしかった。その麓、入江の奥に村の家が見えた。その開けっ広げの小さな家々では、土砂降りにもかかわらず障子が普段の白さを保っていた。(8) 村の裏側はふたたび地形が高まって緑をなし、日本中どこでもそうであるように、見事に耕されて微笑んでいるようだった。

翌朝〔九月十五日〕、錨を上げて下関海峡に向かう。海峡の名は、大名領長門〔山口県〕の北海岸に位置する町、下関からとられている。長門の強大な大名が大砲によって海峡の通航を阻んだのはここからである。それればかりではなく、欧州列強に抵抗さえ試み、列強諸国の商船や軍艦に発砲したが、一八六四年、英仏蘭米連合艦隊に報復され、砲台を破壊されて町の一部は焼失、屈辱的な講和を強いられ、以後、海岸線に要塞を築かぬ旨の約定を結ばされた。しかし、この反逆的領主はいつまでもおとなしくしていなかった。ふたたび欧米人を苛立たせ立腹させるような真似《まね》こそしなかったが、当時の国内情勢に不満で、日本の世俗的〔事実上の、非宗教的〕元首であった大君に対して激しい憎悪感を抱いていた勢力の先頭に絶えず立ち続けてきたのである。このような内争を前にして、列強の大半は見かけ上は一応受身で傍観者の位置に甘えていた。和親条約が履行されているかどうかを確かめるため列強の軍艦が時折り同地を訪れるのに恐れもなさず、海峡北方の海岸において木々灌木に半分隠された砲台から、またもや砲身を突き出して威嚇を行なうようになった。しかし、列強の船は事なく海峡を通過することができ、これらの戦争準備がもはや欧米人相手ではないことがわかった。この狭い海峡に大君の旗をつけた船が出没するや否や、陸から大砲で、あるいは、下関の町の外で錨を下ろし、いつでも獲物にとびかかれるように待機していた長門の蒸気船軍艦に、たちまち撃沈されてしまった。

私の日本滞在中、親大君と反大君の両陣営が討ちつ討たれつの市民戦争を繰り返していたが、確執に結着をつけるべき決定的事件はまだ起こっていなかった。時にかなり長期間にわたる休戦が成立するようなことがあっても、また新たにいっそう勢いを増して戦いの炎が燃え上がるといった具合だった。幸いわれわれが九月の十五日、蒸気船の煙をふかしながら、幅が半〔デンマーク〕マイル〔約三・八キロメートル〕にも満たない所が何ヵ所もある美しい海峡に入っていったときには、戦火が上がっているような様子はなかった。あいにくの雨だったが、こんもりと緑の木々におおわれ、海からいきなり突出している絵に描いたような山々に見とれてしまった[9]。山と山との間の斜面には見事に耕された畑が広がり、そちこちに村があり農家が散在していた。けれども平和で戦火に見舞われていないのは北側の海岸だけだった。反対側、九州側の海岸は、市民戦争の悲惨をまざまざと見せていた。半分以上の村が焼き払われ、黒焦げの焼跡が、以前村だった所を示しているにすぎなかった。残りの半分の村は、われわれが海峡を通過中、炎を上げて燃えていた。この海岸は豊前国〔福岡県〕にあり、領主が当時は大君側についていたため、反対側の戦闘的で狂信的な住民が、好機をとらえて無防備の海岸地帯を襲い、略奪を行なったのだった[10]。

潮の流れが変わるのを待って、われわれは下関の前で待機した。下関は海岸に沿って長く伸びた町で、海峡が深く湾内に切れ込んでいる。人口は一、二万といわれ、〔瀬戸〕内海沿岸で生産され欧州に輸出される製品と、外国人に対し開港されている重要な港、長崎から運ばれてくる国内市場向けの欧米の製品とを扱う商取引の一大中心地となっている。前述したように下関の茶屋の一軒は歴史的名声を日本中にとどろかせているが、この町にはもうひとつ有名なものがある。日本史にその名をとどめる太閤のものだった高価な遺宝、古刀二振りである。

波止場には長門の軍艦が何隻も横づけになっていた。そのうち二隻は蒸気船、残りはみな旧式の帆船だった。いずれも巨額を支払ってヨーロッパ人から購入したものである。どの船もマストの上に領主の紋である白地に黒の砲丸が三個の旗をなびかせ、船尾には日本全国共通の白地に赤い太陽の旗をつけている。白地に赤い太陽は、アジアの東に位置する、「日出ずる国」の象徴である。下関の代官のところから役人がひとりつかわされ、船に上がってきた。われわれの訪問の動機をうかがいにきたのにちがいなかったが、その役人はめったに西洋人と応対することがなかったと見え、また、われわれの話す片言の日本語がわかりかねたらしく、すごすごと引き返していった。

錨を上げ、小倉に向かう。海峡の西、九州側の海岸にある立派な町である。指揮官はそれまでにも何度か内海を通航した折、ここで石炭を積んでいたので、今回もまた必要なものを得られるだろうと期待していた。それだけに、到着したときに町が炎に包まれているのを目にしたわれわれの驚きはたとえようもなかった。まだくすぶっている焼跡や倒れた家々の間を通り抜けたが、人影は皆無、住人はみな山の中へ避難してしまったらしい。この無惨な光景にすっかり意気消沈してコルヴェット艦にもどる。が、探し求めていたものをとうとう見つけることができた。海岸際の土手に石炭袋がどっさり山積みになっていたので、それを船まで運び、石炭庫をいっぱいにすれば良かった。けれども、不幸なことに、この荷の持ち主がわからないという難題にぶつかった。人にたずねようにも、われわれは日本人の姿をひとりも見ていないのである。許可なしに取ってしまうのは、日本だとはいえ、さすがに気がひけた。

指揮官はキエン・チャン号を下関にやって、石炭が入手できるか否かを調べさせた。ところが、この小さな通報艦が、海に突き出して海峡の東半分をわれわれの視界からさえぎっている岬の陰に隠れるや否や、ちょうど船が姿を消したあたりで大砲が二、三発発射される音を聞いた。長門が欧州人に敵愾心《てきがいしん》を抱き、あからさまな憎悪を見せていたことはまだ記憶に新しい。辺りに目にする光景もわれわれを安心させるわけにはいかない。大砲はキエン・チャン号に向けられたにちがいないというのが共通した意見だった。ただちに錨が引き上げられて戦闘配置の命令が出され、数分後には戦闘準備を完了した。

だが、どうやらいらぬ心配をしたらしいことが判明した。キエン・チャン号に近づいてみると、町の前で何事もなく錨を下ろしている。キエン・チャン号からの報告では、発砲されたのは空砲の信号にすぎなかったとのことだった。

午後もおそくなってからわれわれはもとの投錨地にもどった。日が暮れ、相変わらず雨と霙《みぞれ》[11]が降りしきっている。気圧計が〔水銀柱〕七四四ミリにまで下がった。九州側の海岸は燃えさかる村々の火で明るく照らし出されている。家また家と、次々に炎が上がった。赤味を帯びた煙が渦巻きながら、嵐を予感させる無気味な夜の空に立ち昇っていく。その夜、なんと悲惨でしかも美しい夜景を日本の海岸は見せてくれたことか[12]。

夜半近く、ものすごい嵐に見舞われ、午前になってやっと静まった。後日知ったことだが、渦巻いて破壊力のある嵐、この辺りの水域では悩みの種になっている台風が、日本の南側の海岸線に沿って北上、莫大な被害を与えたとのことだった。英仏の郵便船がファン・ディーメン〔大隅〕海峡で、こっぱみじんになりそうなところを奇跡的に助かった。下関海峡を襲ったのは台風の北側の部分だったわけで、われわれはみな不安で不眠の夜を過ごした。次の日〔九月十六日〕、嵐が過ぎ去ると気圧計の水銀もたちまち上昇、空も晴れ、何日ぶりかで太陽がその素晴らしい全容を現わした。

キエン・チャン号が、石炭を満載したジャンク船を二艘、従えてきた。長門の領主が、われわれに対してあらゆる優遇措置をとるよう、命令を下したのだった。日本人にも手伝ってもらい、石炭積みを早々と終えたわれわれは、翌日〔九月十七日〕にはもう航海を続けることができた。煙をあげる小倉を後にし、美しく和やかな天気の中を、下関海峡の西〔九州北岸〕に連なる緑におおわれた無数の島々岩々の脇を滑るように通り過ぎると、やがて、日本海岸の青味を帯びた山々の頂が視界から消えていった。しかし、ラプラス号の遠征とその戦争行為[原注(1)]はたどらない。ラプラス号は戦場に出かけるが、われわれはここでふたたび日本にもどり、その組織と、日出ずる国に住む人々の特徴について見てみることにしよう。

原注

（1）著者はこの遠征について「海軍雑誌」に書いている。編集部注。

訳注

（1）ヴィットーリオ・アルミニョン（Vittorio Arminjon 一八三〇―九七）。一八六九年ジェノヴァで刊行された紀行、邦訳名『イタリア使節の幕末見聞記』（講談社学術文庫）がある。

（2）日伊修好通商条約は江戸で八月二十五日に調印された。

（3）本書第一部第二章中の記述、ならびに同章訳注（6）を参照。

（4）山東半島威海の西にある港町、現在の煙台。
（5）この節の記述が少々脈絡を欠くのは、スエンソンが一八六七年五月、大坂城を訪問して将軍慶喜の内謁見に随行した帰路、瀬戸内海を通って長崎まで航海したときの観察をまじえているからであろう。ラプラス号は瀬戸内海を通らなかった。周防灘が瀬戸内海の一部でしかないのはいうまでもないし、海面に白壁を映すのは姫路城のようでもあり、潮の流れが奔るのは鳴門海峡であろう。
（6）ブンゴがオスンゴになったのは、おそらくメモに書かれた筆記体のBをOsと読みちがえたためだろう。
（7）瀬戸内海の記述こそしたが、実際は通っておらず、太平洋を嵐にもまれて豊後水道に入ったのである。
（8）日本との出合いによって培われたものか、生来の資質かはつまびらかにしないが、スエンソンには俳句的詩情（旅情）を好む趣があったようである。
（9）スエンソンの山コンプレックスは、最高の山が海抜百七十三メートルという平坦なデンマークに育ったせいかもしれない。
（10）小倉では九月九日、前夜に老中小笠原長行が大目付、軍目付等を従えて脱出した後に幕府軍が敗北し、孤立した小倉城が落城。また長州戦争の混乱から一揆が広がっていた。
（11）九月の下関に霙とは本当であろうか。
（12）滅びの美に心動かされるのは古今東西普遍の心情であろう。

六　横浜Ｖ〔日本人とその社会〕

一見したところ日本人は、好ましい外観をしているとはとてもいえない。狭い額、突き出た頰骨、ぺしゃんこの鼻、おかしな位置についている両の目は、いやな印象を与えかねない。ところがそれも、栗色に輝く瞳から伝わってくる知性、顔の表情全体からにじみ出てくる善良さと陽気さに接して思わず抱いてしまう共感によって、たちまちのうちに吹き飛ばされてしまうのである。男たちは一般に背が低い。下層の労働者階級はがっしりと逞しい体格をしているが、力仕事をして筋肉を発達させることのない上層階級の男はやせていて、往々にして貧弱である。膚は色白だが、健康で茶色味を帯びており絶えず太陽と風雨にさらされている住民の一部では、赤銅色の肌も珍しくない。しかし大部分はわれわれ北欧人と同じくらい色白といって良く、概して醜い大多数の中、少数の例外は気高く人品の良さそうな顔つきをしているので、コーカサス〔白色〕人種の血が混じっているのではないかと疑われるほどである。もっとも、二、三百年ほど前に、彼らの祖先と西洋人との間にもたれたこともあったはずの密やかな交渉のことを思えば、別に不思議ではない。そして、これらの例外を社会の上層ではなく大衆の中に比較的多く見出すことが重なるに及んで、ほんの思いつきにすぎなかった私見をますます確信するに至った。私が時折会う機会のあった由緒ある高貴な家柄の子孫たちの血は、まず純粋と見て良かろう。彼ら上流社会の人間は、日本的醜悪の顕著なる特徴をこれ見よがしに備えているのが常だった。その代わりに手足は非常に整っており、これらの部分に人の注意を向けさせる身のこなしを好んでする。

日本の階層区分は非常に厳しく、いくつもの階級に分けられているが、ここでは繁雑を避けて以下、大名、貴族、知識階級、市民、大衆の五つに分類することにする。

大名とは、日本の宗教的首長であるミカド〔帝〕の臣下として、王国の諸地方の政治を司る領主である。それぞれの地方国家にあって彼らの権限はほとんど無限といって良く、司法権を行使し、法も定めるが、日本の古い国法、いわゆる「権現様の掟」には従わなくてはならず、それによって、いくつかの点で行動を制限されている。たとえば大名は、一年のうち六ヵ月を国で、あとの六ヵ月は首都江戸で過ごさなければならないという規定がそれである。前者の期間中、大名は奥方と子女を虜として政府〔幕府〕に預けておかなければならない。大名がおたがいの国を訪問することは禁じられており、内外の敵を向こうにまわして政府の許可なく大名同士で結託することもならない。これらの厳格な規定は現在ではとうてい守られているとはいえない状態だが、この事実は、自国にあっては日本の非宗教的元首の大君と同じように独立した存在であると自らをみなしている煽動的で独断的な領主たちを前にして、政府の権威が明らかに失墜してしまっている有様を物語っている。特に、強制的な江戸滞在は莫大な出費をもたらし、領主たちの権力と反抗力をいちじるしく麻痺させてきた。名誉と評判を保つために、はなはだ高価な屋敷を構えて華麗を尽くし、贅沢な宴会を開いて大名たちはたがいに競い合った。それでも大名を牽制できない場合には、政府は奥の手を使用、これは失敗することがなかった。大君自らミカドの代理人という資格でもって正式に訪問するという栄誉を与える旨、領主に知らせてやりさえすれば良かったのである。不幸にも領主の方は、この迷惑千万な栄誉のおかげで、主人役を立派に果たすべく多額の出費を余儀なくされ、この手の訪問はたいていの場合、経済的破綻を意味していた。

いわゆる「大大名」家では藩は世襲された。長男が世継となるのが普通だったが、父親は下の子を世継にすることも自由にできたし、実子と同じ権利を持つことができたので、養子をとることさえあった。相続順位はミカドの認定なしには有効にならな

かったが、申請書に高価な贈物を充分につけてやりさえすれば、さしたる問題もなく認可を得ることができた。(1)

「大大名」の数は全部で十八。その富がどれほどのものであったか、わかりやすいように日本の年鑑にあげられている収入額を紹介しておく。(2)加賀の領主は年収が約七百万リグスダーラー、薩摩の領主が四、五百万、尾張と陸奥が三、四百万リグスダーラー等々。これだけの財源があれば時に政府を凌ぐほどの陸海軍をもつことができ、しばしば政府に反抗しても報復を受けることはまずなかった。というのも、もしも戦争になった場合、敵方の大名に嫉妬心を抱く領主たちの間に、自らの同盟者を求め得るという確信を政府がもてなかったからである。大名が江戸を訪れるときには武装した部下の大軍に囲まれていて、平和な訪問どころか、遠征さながらだった。随員の規模は時として五万にも及ぶことがあるといわれており、これらの軍隊のために、首都〔江戸〕における大名屋敷、いわゆるヤマシキ〔上屋敷、下屋敷〕にはそれ相応の大きさの建物が用意してあった。(3)いずれも石垣と堀に囲まれて要塞《ようさい》のような外観をしていた。

貴族〔旗本〕の核は三百四十四人の小大名が形成していた。彼らは大君より直接領地をもらい受け、その特権、富と権力においては大大名に及ばなかったとはいえ、その中核には有力な君主が何人もふくまれていた。この階層にはまた政府〔幕府〕と宮廷の士官、官僚、監督官、さらには同様の職を大大名のもとで務めている者たちが属している。おびただしい数にのぼる各種下級官僚は、一般にヤクニン〔役人〕という肩書で呼ばれている。貴族〔侍〕中、特殊な位置を占めるのがローニン〔浪人〕である。これは過去におかした過失によるか、ただ単に自由でいたいがためかして誰のところにも奉公していない独立貴族〔侍〕で、国中を彷徨、往々にして内紛に参加、敵味方いずれの側にも立ち、強盗ほか、さまざまな不法行為にも手を染めている。おとなしい日本人庶民はローニンと聞いただけで震え上がり、母親たちはその名を使って泣く子を黙らせている。

知識階級には僧侶[4]、科学者、医者等が属する。非常に多数の僧侶と社寺に奉職する人々が、この階層を大規模なものにしている。

市民は、商人と製造業に従事する階層のほかに、農民、漁師、船乗りをも含む。

大衆はその他の住民で、日雇い、人足、乞食などである。

初めにあげた三階級は特権階級であり、その栄誉の日本的表徴として、大小のサーベルを帯びている[5]。刀は日本人のもっとも愛好する装飾品で、贅沢を尽くす対象となるものはこれ以外にない。優秀な刀鍛冶のもとでこしらえられた刀に非常な高額が支払われるのも稀ではない。刀は細心の注意と最大の畏怖をもって取り扱われ、父から息子へと受け継がれ、緊要なとき以外には決して鞘から抜かれることもなく、しばしば誉れ高い名がつけられている。日本の歴史はデュレンダル（Dyrendal）やチュアフィング（Tyrfing）(6)に勝るとも劣らないほど有名な刀の名前をいくつも残している。日本人が他人に与え得る最大の侮辱は、通りがかりにわざと刀に手をおくことである。刀が抜かれれば生死を争う闘いとなる。薩摩藩では自己の名誉を守るのにたいへん厳しく、一度抜かれた刀はいかなる理由があろうとも血に染めずにはおかない。それはともかく帯刀した者たちの間で流血事件が起きたと耳にするのはめったになく、この国の人間の生来の善良さと礼儀正しさを存分に物語っている。日本人が外国人に対して慇懃《いんぎん》なる敬意を表しようとするときには、刀を帯から抜いて相手に渡す。それを受け取った方は、サーベルを提げているならそれを手渡して礼に答えるのである。こうして、しばらくの間おたがいの武器を吟味した後、好意的な微笑とともに刀とサーベルをふたたび交換する。そのときに、刀身を見たいという好奇心を勝手に満足させたりしないよう、気をつけなければならないのはいうまでもない。賞味を許されるのは外観だけである。

両手で握る太刀は、日本を代表する武器である。柄は長く、漆塗りの木や象牙、真珠、金属板などで巧みに細工をほどこして作られ、必ず美しい青銅の飾りで飾られており、その真ん中には多種多様の形をした小さなお守り〔目貫《めぬき》のことか〕がついている。刃は緩やかに反り、長さ三、四フィート、見事に鍛えられた美しい鋼鉄でできている。非常に重く、峰の部分がかなり厚い。それにもかかわらず、そしてくぼみ研ぎ[7]をしていないにもかかわらずきわめて鋭く、刀自体の重量だけでも重傷を負わせることができる。それに引き替え鞘はまことに軽く、非常に軽い木で作られており、さまざまな色の最上の漆で仕上げられている。これにも柄と同様、金具の装飾がほどこしてある。

片手だけで操れる短い方の刀は、形も装飾も太刀に似ているが、長さが一フィートほど短い。どちらも凸状の側を上にして帯にさす。西欧人がサーベルを提げるときとは逆であるが、それには理由がある。日本刀を完璧に扱える日本人は、刀を抜いたその動作から一気に切りつけ、相手がその動きを一瞬間にとらえて身をかわさない限り、敵の頭を真っぷたつにすることができるといわれている。当然のことながら西欧人はこの武器を極度に危険なものとみなし、役人が刀を抜きそうな素振りを見せたときにはその場でただちにこれを射ち殺しても正当〔防衛〕だとしている。寸時でもためらえば、自分の方が犠牲になることは明白だからである。だからといって、大小二本の刀をさし、こわい顔をした日本人がことごとく恐れるに足るわけではない。医者や僧侶(8)、科学者といった人々は兵士同様二本さしているが、おとなしいかれらが手にする刀は、宮廷人の礼装用佩刀《はいとう》同様、少しも恐れることはない。時によっては滑稽でさえあり、たとえば九歳か十歳ぐらいの役人の息子が、自分の身長ほどもある二本の刀の重みで思うように動きがとれず、足をひきずりながら行くのはパロディー以外の何物でもない。

日本人の衣服は非常に見すぼらしい。どちらかというと暗い色の無地の生地を好み、服の仕立て、型の優美さにだけお洒落《しやれ》をする。上流の人々は下に長い下着を着用、腰のところを短いズボン〔袴〕で締める。このズボンは脛《すね》の辺りまでしか届かず、幅が広いのでスカートに似ている。キラモノ〔綺羅物〕と呼ばれる下着は地味な色で、ゆったりした袖がつき、袖は同時に隠しとして使われる。その上にまた同様の服を何枚か重ねて着るのであるが、枚数は季節とお洒落具合によって変化する。いずれも胸元でチョッキのように重ね合わせられ、首元から胸の中心部にかけてがあいている。君主に匹敵するカミ〔守〕という称号をもつ上流の人々にあっては、いちばん下の綺羅物が白の縮緬《ちりめん》で、それよりもっと地位の高い者は、白縮緬を二、三枚重ねている。綺羅物の上には丈の短い黒か灰色のゆったりした服をつけるが、乗馬するときに不便でないよう、後部がたいてい割れている。そして、両袖と背中の真ん中に、持ち主の紋が白く織り込まれている。寒さの厳しいときには、上着を丈の長い温かいものに換える。

日本の帽子は種類が多く、びっくりさせられるような形をしているが、どれもこれもその非実用性ときたら、つくづく感心させられてしまう。禿頭のてっぺんにのせられている髪の束〔丁髷《ちょんまげ》〕をくずさないための工夫がその原因らしい。細かい麦わらで編まれたキノコのような形をしたもの、漆を塗った紙で作られ、前面が両側から押しつぶされたようにすぼめられて金属の装飾のついたもの、羅紗のような油紙のようなもので作られ、両側がへこんでいて屋根のような形をしたもの、かと思うと、ただの円板がちょこんと頭にかぶせられている。これを前後で紐を結ぶだけでどうして頭のてっぺんにのせておけるのか、不思議で仕方ない。帽子の内側には小さな詰め物がふたつついていて、その間に丁髷がおさまるようになっている。詰め物は高くこしらえてあるので、丁髷が帽子に触れることはない。要するに、この詰め物ふたつだけが頭に直接のっていて、帽子そのものはまたその上にのっかっているというわけである。

武士に欠かせない二本のサーベル〔剣〕はズボン〔袴〕を締めている腰の帯にさしてあるが、帯には、これも欠くことのできない扇子と薬箱〔印籠《いんろう》〕がはさんである。

扇子は通常単純な形をしており、たいてい紙でできていて小さな墨絵で飾ってある。薬箱〔印籠〕は持ち主が裕福なら大変凝った細工がほどこしてあり、相当な値打ちもののことがある。いくつも仕切られた小さな空間に、粉薬や丸薬が入っている。

刀をさすささないの違いはあっても、市民の晴着は特権階級のと同じである。が、普段は、腰のところを細帯で締める丈の長いキモノ、幅の狭い一種のガウンのようなものしか着ない。

庶民の服は暖かい季節にはできるだけ軽くされ、腰の部分をおおう帯〔褌〕一本だけになる。けれども実際はそれすらも象徴的な役割しか果たさず、ほとんど丸裸である。この階層の人間の裸は、時として刺青《いれずみ》によって隠されているといえるかも知れない。刺青は背中や胸に入れられ、全身に入れられることもあるが、派手な色で火を吐く竜などの空想上の動物が彫り込まれる。火を吐くといっても冬には刺青の服だけでは暖をとれない。素晴らしい刺青も冬になると肌にぴったりの紺色の織物のズボン〔股引き〕と、同じ色の丈の短いシャツで隠されてしまう。シャツには白字でくにゃくにゃした形が描いてあるが、何かの模様であるにしろないにしろ、私にはその意味はわからない。[9] 首には紺と白の市松模様のスカーフ〔手拭い〕をかけ、寒い日や人に顔を知られたくないときには頬被りをして鼻の下で結び、目だけ見えるようにする。

大君からごく普通の日雇い労働者まで、日本人はふたつの点でみな共通点を持っている。ひとつは髪型、もうひとつは履物である。顔の全体と頭の中央部をきれいに剃り、両側の髪は後ろに梳《す》かれて後頭部の髪と一緒に束ねられる。それを上に返して丸めて、縒糸《よりいと》で結んだ後、その先を、頭のてっぺんの剃り上げた部分に、四、五インチほどのせるのである。一見単純そうな髪型であるが、整えるのに時間もかかるし手入れも面倒である。ひとりではできないので理髪師の手を借りなければならない。というわけで理髪師は、家から家へ、一日中歩きまわって、お客の髪を整えている。ていねいに剃り上げ、冷たい水できれいにしてから髪油をすり込んで髪を固める。そして細々した道具をいくつも使いながら実に器用に髪をかき上げて丁髷を作り、黒檀《こくたん》のようにつやつや光沢が出るまでなでまわしてから切りそろえる。裕福な日本人は毎日髪の手入れをしてもらい、その間、なんともいえない良い気分を味わうのである。身仕度に時間を費やしていられない貧しい連中は、丁髷を直すのは週に一度ぐらいで満足せざるを得ない。こういう髪型をすべきことは法に定めてあって、丸坊主の医者と僧侶、家族の死を弔っている印に髪を伸ばしている人は別として、例外はめったにない。

履物は紺か白の木綿のストッキング〔足袋〕が脛の中途まで達し、ごく普通のソックスそっくりだが、足の親指用に特別に穴がこしらえてあるところが違う。これは靴をしっかり押さえられるようにした工夫である。その靴であるが、底をふくめて全体が麦わらを編んだだけの代物〔草鞋《わらじ》〕で、足には、足先の部分をおおう一本の紐ともう一本、親指とその隣の指とのすき間に通される紐〔鼻緒〕とで固定される。スリッパと同じこの靴、というよりむしろサンダルといった方が良い、このサンダルは先端の部分だけが足についているので、ちょっと揺するだけですぐに脱ぐことができる。自分の家でも他人の家でも日本人は、中に入るときに、白い畳を汚さないように戸口のところで靴を脱ぎ、家を出るときにまた履く。この仕来《しきた》りを守らないと、たいへんな不躾け、もしくははなはだしい横柄《おうへい》さの証拠と見做されてしまう。当初、日本の当局の面々と同席する機会をもった西洋人は、長靴を脱がずにすむ許可を得るのに非常に苦労した。日本人は、制服で正装した将校が靴下姿で立っていることの滑稽さが理解できず、何度か悶着《もんちゃく》が起こりそうになったが、そんなときには、待ち合わせた場所に到着した西洋人は長靴を脱ぎ、日本人の礼儀作法をそんなに踏みにじることにはならない軽い短靴に履きかえることによって、なんとかその場を切り抜けたのだった。

日本の靴の長所は、二束三文しかしないことである。その代わりにすぐにすり減ってしまう。町の通りに捨ててある、拾う者さえいないたくさんの履きつぶしを見れば、その様子が知れるだろう。ところでこの靴は、軽くて快適なのは確かだが、その形は非実用的で、日本人が股を広げてよたよた歩くのはそのためである。この独特の歩き方はまた、足先を内へ向かわす。そのため、人夫や兵士や旅人たち、要するに脚を束縛なく自由に動かす必要のある人はみな、サンダル同様、靴の後部を足に結わえつけ、身体の動きが自由にとれるようにしている。

　砕石を撒いただけの道では、よく降る雨のせいでぬかるみになることもたびたびだが、そうなるとこの靴〔草鞋〕では全然だめで、代わりに、同じように足に固定する木製のスリッパ〔(高)下駄〕が使われる。これには底に二枚の高い木片がつけてあり、もともと普通の背丈の人間ならたちどころに大男の身長になってしまうほど高いが、ともかく足が泥に汚れないですむ。

　西欧人と接触することの多い役人は、われわれの靴を好むようになり、服にも西洋風のスタイルを忍び込ませ、時によっては、規則に定められている丁髷をなくすところにまではいかないが、頭のてっぺんの髪を生やしたりしていた。前述した〔武士の〕服装も、時が移るにしたがって江戸や京都で起こる流行の波に影響されて変化する。パリにウマン（Humann）があるようにこれらの町にもはやりの仕立て屋がいて、日本人のダンディーの話によると、ほかの店ではその店のように非の打ちどころのないエレガントな服は仕立てられないとのことだった。江戸と京都にはまた腕の良い髪結いがいて、鬘《かつら》や付け丁髷を売っている。これは、年のせい、あるいは若禿《わかはげ》のために大事な「飾り」を失ってしまった人用である。昨今、金持の日本人なら誰でも帯にはさんで持ち歩いている欧州産の品物は、立派な鎖のついた懐中時計である。まだ物珍しいと見えて、西欧人の知り合いに会うたびに見せびらかしては無邪気に喜んでいる。いい物ですね、とお世辞を二言、三言いっておけば、もう御満悦である。

日本人の衣服が見すぼらしいことはすでに述べた。が、毎日の暮らし一般もそんなにほめたものではない。金持の家だからといって貧乏人の家より快適な設備があるわけではない。違いは部屋の数と大きさ、畳の良し悪し、壁の装飾の具合だけである。金持の食事はずっと豊かだが、決して無駄な贅沢をしているわけではない。唯一目に見える贅沢は召使いの数であろう。大名が一大軍団を引きつれて旅〔参勤交代〕をするように、貴族〔侍〕と裕福な市民〔町人〕もお供を連れて歩く。その数は豊かさ、社会的地位によって異なる。ちょっと遊楽の外出をするとき、知人を訪ねるときにですら何人も召使いを従えていく。荷物を入れた鞄〔行李の類か〕や籠を持つ者、スリッパ〔草鞋〕や靴〔下駄〕を持つ者、日傘や煙草を持っていく者等々。地位の高い者なら武器を携えた役人を連れ、別当に先を走らせて道をあけさせ、馬に乗っていれば、ひとり以上の召使いが馬の手綱を持つ。

乗馬を許されているのは貴族〔武士〕だけである。馬には馬勒《ばろく》がつけられ、馬具、特に鞍はたいてい美しく飾られている。けれども鐙《あぶみ》は大きくて不格好、スリッパのような形をしていて足の裏全体をのせるようになっている。乗馬の上手な日本人は稀である。その理由は、日本にはばかばかしい迷信がいくつもあるが、そのうちのひとつ、社会的地位が高くなればなるほど動作はより緩慢、より威厳を保っていなければならない、という迷信によるものとしか思えない。地位ある人間の威厳と、乗馬で速足や駆足をしたり忙しそうな様子をすることが、どうしても結びつかないというわけである。車が人の運搬に利用されることもない。けれども宮廷にはあって良いはずで、少なくとも、宮中の祭を描写した図には、大きくどっしりした車が描かれているのを目にすることがある。

長い旅をできるだけ苦にならない方法で過ごすために、金持の日本人はノリモン〔乗物〕を使う。ノリモンとは長い角材に下げられた一種の駕籠で、六―八人の担ぎ手が肩に担ぐ。座る部分は四角い箱で、さまざまな装飾がほどこしてあり、四方に簾と帳《とばり》がかかっていて中にいる人は大衆の視線を避けることができる。日本ではいちばん乗り心地の好い乗物とはいえ、西洋人にとってはまったくもって座り心地の悪いものである。脚を折り曲げてあぐらをかかざるを得ず、そうしたらもう身動きひとつできなくなってしまう。しかしそれでもカンガ〔駕籠〕とは比較にならない。これは下層階級の乗物で、四枚の板を単純に組み合わせて空間を作っただけのもの。上部の板から角材が前後に飛び出していて、ふたりの頑丈な担ぎ手の肩にのせられる。下の板に座を取って後部の板で背、足は前の板で支えた姿勢でもって、いつバランスを崩して枠の外へ放り出されるか知れない不安に絶えずさらされつつ運ばれていくのである。少しましな駕籠になると両脇に簾や油紙が垂れ下がり、日の光や雨を防いでいる。

ここで日本人の観察をその外見から内面の方に移すにあたって、われわれは細心の注意を払わなければならない。日本という国を知って間もないわれわれ西洋人は、ほんの短期間の知己を得ただけの日本人一般の性格や特徴について、正しくかつ仔細にわたった描写をするにはいったいどうしたら良いのか(10)。完全に画一化されている社会を対象としてさえ難しいと思われるのに、日本のようにはなはだ斉一でない要素が混然としている国を相手にした場合、その困難はさらに大きいにちがいない。住民各階級の間に非常に明確な境界が引かれ、その社会的地位がおたがいまったく異なり、その利益も相反するために、国民の性格に種々多様な刻印が押されているのは当然だし、国の一部にとっては真実であることがらも、別の一部では誤りになってしまう。したがって、この国の倫理的価値について比較的充分で満足のいく説明を行なうためには、おのおのの階級に対して徹底した考察を加えることが必要であるが、本稿の著者はおろか、ほかの西洋人にも、残念ながら時間か機会かのどちらかが欠けている。さらに、日本人の生活の諸要素につき、現在の段階よりはるかに親密な関係と詳細な知識をもつことが肝要である。しかし、いかに興味深いとはいえ、特に著者の私にとってはだが、そのように周到な説明を試みていては本稿の素描の枠をはるかに超えてしまう。したがってわれわれは対象の範囲を狭め、日本人の性格とその特徴のいくつかについて適当な場所で触れるにとどめる。それも、外国人の目につきやすい部分、ほかの近隣アジア諸民族とは異なっているため、あるいはわれわれ西欧人と相違しているために、はてな、と首を傾《かし》げさせられてしまうような側面にのみ焦点が合わされる。

日本人は誇り高く自尊心の強い性格で、侮辱に対して敏感、一度受けたらそう簡単には忘れない。その反面、他人から受けた好意には、同じ程度に感謝の念を抱く。この鋭敏すぎるほどの道義心が復讐心に結びついて、ハラキル〔腹切り〕という名で知られる異常なまでの自己犠牲をなさしめるのである。この野蛮な習慣はだんだん廃《すた》れてきているが、それでもなお時々実行に移されることがあり、欧米の全権大使と日本政府との間に政治交渉が行なわれた当初、政府高官の間に何人もの自殺者を出すに至った。

腹切りをしたものは、名と名誉を汚すことになったいっさいの罪から清められ、死後、畏怖の念をもって記憶にとどめられる。この自殺は、文字通り当人が自ら腹を切るのであるが、刀で下腹を横に切って傷口をあける。衝動ではなく熟考の末にする場合には、普通、家族の立ち会いのもとに行なう。以前は仰々しい儀式のもとに遂行され、今よりずっと深刻な結果をもたらした。つまり、腹切りはその当人の名誉回復となっただけでなく、それ以外の方法では果たしようのない復讐心を満足させることもできたからである。誰かが人に侮辱されて腹切りをした場合、侮辱した方がその例にしたがって自分も腹切りをしない場合は、臆病者の恥知らずとみなされた。それは、双方ともに倒れるべき一種の決闘だった。日本の歴史は腹切りの例に事欠かない。日本についての書物を出した著者の大半が触れている典型的な例をふたつだけあげておこう(11)。

大君に食事を供する役人が、不注意からもうひとりの役人の刀に触れてしまった。触れられた方は死ぬほどの侮辱を感じ、ただちに名誉回復をなす必要ありと判断してたちまちのうちに腹を切った。そして、侮辱を与えた者に嘲《あざけ》りの言葉を浴びせ、その男の刀など、腹切りをするような自分の刀とは比較にもならないといってのけた。第一の役人の方は、なすべき役目を終えると死につつある男のもとに急いで駆けもどり、幸いまだ意識があるのを確かめると、自分の刀が誰のにも劣らない証拠を見せるべく、相手の目の前で自殺してしまった。

三十五人の浪人の話は今でも英雄的行為の見本とされている。ある高貴な日本人が敵に侮辱を受け、絶望のあまりに自らの命を絶った。三十五人の友人はその死の復讐をすることを心に決める。彼らは浪人になり、復讐の計画を進めるためにすべてを犠牲にした。やっとのことで侮辱者が彼らの手に落ち、自らの行為を首をもって償うことになった。血のしたたる首を今は亡き友人の墓の上に置いてから、墓のまわりで全員輪になってひとり残らず腹切りをした。自分たちの行為が決して利己的な理由から行なわれたものではないことを証すためである。

この腹切りの習慣にひとつ好ましい面があるとしたら、それは、騎士道精神と上流階級の洗練された礼儀正しさを保全し、合わせて下の階級の人々の鑑《かがみ》になっていることであろう。日本人は日の本でもっとも礼儀正しい国民である。子供のときからこのいちばん大事な徳行を教え込まれ、それに少しでも外れたりすると非常に厳しい目でにらまれる。口の利《き》き方だけではなく、顔の表情や行為にまで、住民中最下層の人々の間ですらきちんとした礼儀が要求される。知り合い同士のふたりが路上で出会ったりすると、形式ばった礼儀の交換を何分間も行なう。身分の同じ人々の間の挨拶は、頭と背中と腰を折り曲げて何度も前に屈む動作をして行なわれる。そのたびに、両手が太腿の部分を上下にこする。そして、嚙み合わされた歯の間から、ていねいすぎるほどの言葉が数多く紡ぎ出される。この喜劇が終わってからやっと、出くわしたふたりはおたがいの目を自由にのぞき込み、おもむろに会話を始めるのである。地位の高い者に挨拶をするときには地面に膝をついて額を土につけ、その人物がその場を通り過ぎるまで、あるいは、そうしなくとも良いという許可が下りるまで、同じ姿勢を崩さない。目下の者が目上の者に報告を行なうときには、目立たないように前に出て、目を伏せたまま報告する。まともに見つめたり、囁き以上に声を高めたりすることは無礼とされる。

以上のほめ言葉の数々を、追従だとか無自覚で偽善的な思考の徴候の表われだとか思わないでいただきたい。それは、躾《しつけ》の良い人なら誰でも守るごく自然な礼儀作法の形態にすぎない。かといって、求められれば自分の意見を自由にためらわずに述べることを妨げるような形式では決してない。日本人は身分の高い人物の前に出たときでさえめったに物怖じすることのない国民で、私はかつて、まだ年若い青年が、大名やゴロジョー（閣僚会議の一員）〔御老中〕と、同僚や自分と同じ身分の者と話すのと同じ率直で開けっ広げな会話をする場面に居合わせたことがある。青少年に地位と年齢を尊ぶことが教えられる一方、自己の尊厳を主張することも教えられているのである。特権階級に属する人々に自尊心をもたらす要因のひとつは、彼らが日本の社会に占めている地位、身分であろう。それは西欧の大半の国々において中世に貴族が占めていた地位に匹敵する。こうした社会的秩序、ならびに諸階級の間で非常によく発達した独立心は、日本人がなぜ中国人やほかのアジアの民族よりすぐれているかを説明して余りある。(12) 後者においては唯一者の意志しか聞かれないし、それに対して自分の意見を述べるような大胆な真似をする者はいない。日本という国は、その構成員がたとえどんなに抑圧されているにしろ、誰であろうと他人にやすやすと屈服するようなことはない。彼らが文句なしに認める唯一のもの、大君から大名、乞食から日雇いに至るまで共通なその唯一のもの、それは法である。

日本の上層階級は下層の人々をたいへん大事に扱う。最下層の召使いが主人に厳しい扱いを受けたなどという例を耳にすることさえ稀である。主人と召使いとの間には通常、友好的で親密な関係が成り立っており、これは西洋自由諸国にあってはまず未知の関係といって良い。市民のうち、商人階級はその富を利用してある程度の影響力を発揮でき、大枚を寄進することで、大小二本を帯刀する等々、貴族〔武士〕階級の特権を入手することができる。私の聞いたところが正しければ、この階級の富は測り知れない。それというのもこの国では、税金が土地にのみかけられており、ほとんど農民だけが重い税金の負担を背負っているかららしい。ところで、農民の生活状態がどんなものか、今までのところ西洋人は正確な情報をつかんでいない。彼らは大小さまざまな大名の小作人のようであり、収入の大半が税金にとられてしまうので、自作農になるのは稀である。税金は米で支払われ、大名領地の場合、収穫の五分の三とされる。大君の領地ではそれよりかなり軽い。

日本人の勇猛さには疑問の余地がない。自ら軍事国家と呼んでいるくらいで、幼少のときから戦争道具を生きる道に選び、刀と弓、この国固有のふたつの武器の使用法を教えられる。刀についてはすでに述べた通り。弓はほかの弓と変わりないが、ただ大きさが尋常ではなく、使いこなすのに熟練がいる。大きな町には、優秀な先生の指導のもと、若者が斬り合いや弓の射方を練習する学校がいくつかあるが、こうした訓練も日に日に稀になってきている。(13) 戦時には指揮官たちは巧く工夫された鉄製の甲冑《かっちゅう》を着けるが、これは西欧中世のものよりはるかに合目的にできている。大きな鉄片を鍛えて造ったものではなく、小さな鉄の鱗だけでできており、それがたがいに鋲締めにされているために非常に軽く、自由に動きまわれるようになっている。しかしこの長所も残念ながら、ありとあらゆる種類の飾りのせいで、効果が少なくなってしまっている。ものすごく大きい前立《まえだて》や指物《さしもの》などが、鎧《よろい》や兜《かぶと》の至るところ、とんでもないところにまでつけられているからである。

現在ではこれらすべてが廃れてきてしまっている。日本がこの次に大戦争をするときには、針打ち銃、施条《しじょう》付き大砲、装甲艦が使用されるであろう。火縄銃と火薬は一五四三年に最初のヨーロッパ人が日本を訪れたときから知られていたが、銃は一八五八年に至るまで、同じ長い年月の間に西欧で成し遂げられていた進歩を経験しないでいた。それにもかかわらず、日本人は圧倒的に優勢な西洋の武力に対して下関海峡や鹿児島で戦いを挑むという暴挙を敢えてし、狂信的な憂国の志士たちによって炎と燃え上がった勇気が決して侮《あなど》るべきではないことを、戦力の上でははるかに勝る敵に証明して見せたのだった。

熱く燃える祖国愛はこの国の最高の徳のひとつで、それは、これまで外国との交渉をすっかり絶たれてきていながら、この地上での幸福と安楽をもたらすべく、あらゆる条件を自国で満たすことのできた日本[14]の国民の間では、ごく自然に受け取られている。

学習教育は非常に高い水準にあり、ほとんどみな読み書きができるが、日本語を完全に使いこなせる者はごく少数に限られている。外国人にとって日本語は克服し難い困難をもたらす言語で、充分に詳しい知識を獲得し得た西洋人はまだ出ていない。下層の人間が話す日本語は上流の人々の使うのとまったく異なっている。目下の者が目上の者に向かって使う言葉や表現は、自分に対して使われるものとまるで違う。その結果、例えば横浜の商人と話す機会を数多くもった西洋人が、ある程度日本語ができるようになったと思っても、教養ある日本人の言葉を理解できないことがしばしばなのである。

書き言葉は話し言葉ほど覚えるのが易しくない。中国の字〔漢字〕、カタカナ〔片仮名〕、ヒラガナ〔平仮名〕と三種類ものアルファベットがあり、一件の内容、書類の内容が、知識階級かあるいは一般大衆に理解されるべきかによって使い分けられる。中国の字はさらに三種に使用される。カイショ〔楷書〕体は詩や活字本一般に使われ、ギオショ〔行書〕体は公文書に、ソーショ〔草書〕体は私信の交換に用いられる。

科学の分野が幼児期の段階にあるなどとは決していえない。ひとつには日本人自身の努力のおかげで、また、オランダ人によって日本へもたらされ、日本語に翻訳された数多くの西洋科学書に関する知識がそなわっていたことが理由としてあげられる。私の日本滞在中、あるフランスの将校が江戸の本屋で、ナポレオン一世に関する詳しい書物を発見した。それはオランダ語から翻訳され、うまく活写された皇帝の肖像で飾られていたという。[15]大きな町では政府〔幕府〕が高等学校を開き、学の道を選んだ若者にみっちり学問を仕込んでいる。[16]そこではまた西洋の言語や科学についても教授されている。長崎には一八五八年の条約が締結されるずっと以前から医学塾があって、出島のオランダ人医師に指導を受けていた。[17]

定期的に発行される新聞はまだ知られていないが、政府は、大衆に報知するのが適当と判断した重要な政治的事件については、ちょくちょく公表を行なっている。政治の領域外での興味深い事件は、事件直後またたく間に細部に至るまで詳しい報道がなされ、ニュース屋〔瓦版屋〕によって売られたり語り聞かせられたりするが、そのたびに、好奇心のかたまりになった連中がまわりを取り囲んで人垣をつくる。日本人の生来の知性と気紛れは、自分たち自身についてだけでなく、接触する機会のある外国人を批判的に評価することでも発揮されるが、大胆な筆、非常に辛辣《しんらつ》で的を射た筆致の諷刺画となって現われることもある。こうした才能を発揮させるべく材料を提供するのは主として西洋人で、何か注目の的になるようなことが起こり、外国人が一役買っている場合には、その後間もなく何枚もの見事な諷刺画となって再現されるのはほぼ確実である。といって諷刺画の作者が外国人より同胞に甘いというわけではない。

ユーモアがあってふざけ好きなのはすべての社会階層に共通する特徴である。上流の人間は無理にかぶった真面目くさい仮面の下にそれを隠しているが、威厳を保つ必要なしと判断するや否や、たちまち仮面を外してしまう。その点、下層の連中は自分の性格に枷《かせ》をはめるような真似はしない。煙管を吹かしながら湯沸かしののった長火鉢のまわりに集まると、口々から冗談が飛び交い、悪意のないからかいが始まる。こうして皮肉を浴びせ合っても、誰もむかっ腹を立てるようなことはない。その心持ちはフランス人と共通していて、フランス人の性格中、とりわけ陽気さと礼儀正しさが日本人の心をとらえるのも納得できようというもの。忙しい一日の仕事が終わり、夜になってわれわれが町の通りを練り歩いていると、日本人の家族が通りに面した部屋で楽しそうに団欒《だんらん》しているのが目に入ってくる。われわれはいつでも気楽に招じ入れられ、冗談を飛ばしての談笑で時の経つのを忘れてしまう。もっとも日本語の知識は貧弱なので、笑いの種になるのはたいていわれわれの方である。日本人の温厚な親切はごく自然で気持が良く、それだけでも彼らの他のさまざまな欠点を許してしまうことができる。

悪習らしい悪習は日本人にはふたつしかない。ひとつはサッキ〔酒〕にすぐ手を出すこと、もうひとつはあまりに女好きなことである。が、これは上流階層、とりわけ政府と大大名がかかえている無数のヤクニン〔役人〕と官僚の一群のみにいえることである。役人、官僚の数はおびただしく、そのうちの一部は無職のことが多くて暇な時間を茶屋で過ごし、女たちに囲まれて酔っ払う。当初、日本人が西洋人のひんしゅくを買ったのはまさにこの点であった。泥酔した役人がおとなしい西洋人に乱暴をはたらくことがたびたびあり、そうした体験をもとに、実際はほんの一部の階層が苦情の対象であったにもかかわらず、日本という国全体が野蛮で粗雑であるという評価が下されるに至ったのである。内情をより詳しく知るに至ってそれが誤りなのに気づき、不幸にも酔っ払った役人に出会って道をふさがれたときにも、以前は意地になって役人をますます怒らせ、無惨な結果を引き起こしたものだったが、今は、西欧で酔っ払いにからまれたときと同様、おとなしく道をゆずるようになった。日本社会の下層の部分では酔っ払いはあまり多くなく、国民大多数の貧弱な生活様式、必需品の不足を思い合わせるとき、矛盾しているとしかいいようがない(18)。しかし美しき性、女性に対する愛となると話は別である。法律はひとりの妻しか認めていないが、妾をもつことを禁じてはおらず、ミカドを筆頭に裕福な日本人はたいてい何人もの妾をかかえている。貧しい日本人は配偶者をひとりに限定せざるを得ないようであるが、何軒あるか数の知れない茶屋は未婚の男の訪問だけで成り立っているわけではなく（日本人は一般に早く結婚するので未婚の男の数はそれほど多くない）、既婚の男も気晴らしを求めて茶屋を訪れており、それは残念ながら、日本人の倫理観の根本に抵触することはないのである。

ここで日本の社会秩序中もっとも悲惨な部分、女性の地位に触れることにする。ほかの数多くの異教徒国家同様、ここでも女性の地位は外見こそ良さそうに見えても奴隷のそれとさほど違わない。若い娘は自由気ままを満喫していて重労働をやらされることも稀で、娘時代になすべきふたつの仕事、楽しむことと身を飾ることに、身分相応、十二分に没頭することができる。娘たちの優雅なる暇つぶしは笑うこと、おしゃべり、お茶を飲むこと、煙草をふかすこと、化粧、それから何度もある祭りの催しに参加することである。結婚とともに束縛のない生活は終わり、既婚の女の生活環境はお世辞にも楽だとはいえない。義務ばかりが多く、権利などほとんどないに等しい。夫の愛をほかの何人もの妾と分け合うこともしばしばで、妾は決して不名誉なものとはみなされず、家の中で正妻と同じ地位を与えられているのである。不義は、男の場合は法律は何も咎めるところがないが、人妻の場合は死罪に処せられる。したがって女の側の不義の例はごく稀である。それに加えてもうひとつのダモクレスの剣、身に迫る危険が正妻の頭上を絶えず脅かしている。それは、夫がもっている離縁の権利、理由を明白にすることすらしないで妻を実家に送り返せる権利である。男の束の間の気紛れが、いとも簡単に女の将来を破壊してしまう。日本のような開けた国にこのような野蛮な習慣が存続していて驚かざるを得ないが、そういう習慣のある以上は、夫たちがその残酷な権利をごく稀にしか行使しないよう、祈るばかりである。

本当の意味での恋愛結婚はめったにない。双方の両親あるいは親戚の者が、当事者の意見などにはおかまいなく決めてしまうのが普通で、結婚式の当日まで、新郎新婦が顔を合わせたことがないというようなことまで起こる。新婦は結婚持参金を用意しない。のみならず、男の方が結婚の承諾を得るために娘の両親に相当な贈物をするのが通例で、見方によっては一種の取り引きのようになる。とはいえ、娘が家を出るに際して一家が涙をこぼすのは避けがたく、結婚式は葬式並みに扱われる。

結婚するや否や女は妻の仕事、母の仕事に献身することになる。剃り落とされた眉と黒く染められた歯が、それまでの虚栄心と享楽好みを完全に捨て去ったことの目に見える証となる。下の方の階層の女は相変わらず客を呼んだり客に呼ばれたり、男たちの前に姿を現わしたり近所とのつき合いに直接参加したりする許可を得ることができる。それでも女のいちばん大事な仕事はやはり家を守ることで、鏡のように光るまで磨きあげる。台所をとりしきり、小間使いに台所の仕事をまかせた場合は小間使いを監督する。毎朝その日の買物をし、自分だけでなく子供たちにも着物を着せ、忙しくて休む暇もない。上流の婦人はあまり運が良いとはいえない。夫からほとんど毎日ハーレムに軟禁されたような状態におかれ、外出しての気晴らしも、嫉妬からではなく、婦人が公衆の面前に姿を現わしては夫婦双方の威厳にかかわる恐れがあるという理由から、ほとんど許されることがない。

日本女性は男たちの醜さから程遠い。新鮮で色白、紅みを帯びた肌（よくあるように顔料で塗りたくってなければの話だが）、豊かで黒い髪、愁いをふくんだ黒い瞳と生き生きした顔は、もう美人のそれである。少なくとも中国人や安南〔ベトナム〕人など近隣諸国の女と比べたら美人である。背は低いが体格はよく、首から肩、胸にかけての部分は彫刻家のモデルになれるほどだ。また手足の形が良く、びっくりするほど小さい。彼女たちを見ていると、愛欲過剰な日本人の男の気持がわかり、寛容になってしまう。

日本の娘は十三、四の年でもう完全に成熟しているが、新鮮な若さは長いこと保てず、二十五から三十に近づくと美貌は廃れ、顔には皺が寄って黄土色になり、顔つきもたるんで身体の全体が醜い容姿になっていく。こんなにも早く日本女性の花がしぼんでしまう最大の原因のひとつは、毎日のように浴びている熱い湯の風呂である。[19]下層階級の人間ですら度を越している。日本人の清潔好きはオランダ人よりはるかに発達していて、これは家屋だけでなく、人物一般についてもいえるのである。仕事が終わってから公衆浴場に行かないと一日が終わらない。公衆浴場で何時間も湯を浴び、下着を洗って、おしゃべりの欲求も満足させる。浴場は日本人のクラブで、そこでは顔見知りのひとりやふたりに必ず会うことができる。公衆浴場から聞こえてくる入り混じってうなるような人の声には、かなり遠く離れた所にいても耳をつんざかれるほどだ。天井の低い、蒸気であふれた部屋に入ると、生まれたときとほとんど変わらぬ格好をした裸の男女が何人も、地面を掘って石で固めたところへ湯をはった浴槽につかっている。麻縄が境界線として使われていて、ふたつの浴槽、男と女を隔てるのに板の衝立てを使うことなどほとんどない。男も女もおたがいの視線にさらされているが、恥じらったり抵抗を感じたりすることなど少しもない。

日本女性は慎み深さを欠いているとずいぶん非難されているが、西欧人の視点から見た場合、その欠け具合は並大抵ではない。とはいえ、それは本当に倫理的な意味での不道徳というよりは、むしろごく自然な稚拙さによる。自然から与えられたものを隠す理由が何もないからなのであって、その点、西欧人が出現するまではエデンの園でのわれわれの祖先と同じ格好をしていた数多くの原始的な民族の観点と共通している。その例として第一にタヒチ島の女をあげることができる。彼女たちは、キリスト教に改宗してから何年もの年月が経っているにもかかわらず、今でも男の目の前で風呂に入ることの罪深さがわからず、宣教師たちに絶望感を抱かせている。ところで、日本女性が自分の身体の長所をさらけ出す機会を進んで求めるような真似は決してしないことは、覚えておいて良いだろう。風呂を浴びるとか化粧をするとかの自然な行為をするときに限って人の目をはばからないだけなのである。それだけでもはなはだしく慎み深さを欠いているのかもしれない。けれども私見では、慎みを欠いているという非難はむしろ、それら裸体の光景を避けるかわりにしげしげと見に通って行き、野卑な視線で眺めては、これはみだらだ、叱責すべきだと恥知らずにも非難している外国人の方に向けられるべきであると思う(20)。

日本人の目にも、西洋人の習俗習慣のうちの多くが、われわれが日本人に対して感じるのと同じように不愉快なものとして映っている。なかなか口に出さないが、無理に求めればわれわれの欠点を指摘して責めてくる。それはたった今記したような大きな欠点ではないにしろ、われわれを驚かせて余りある。西欧人と日本人、この異民族間の習慣の相違を比較してみれば、欠点の例など数えきれないほど出てくるだろう。ここではひとつだけ例をあげておく。日本人はわれわれを不潔だといって非難し、その証拠のひとつとしてハンカチの使い方をあげてくる。日本人が洟《はな》をかむときはその目的にかなった小さな紙片を使用し、使用後はただちに捨てる。それに反し、われわれ西洋人は一日中不潔なハンカチをポケットに入れて持ち歩く。それがどうしてもわからぬというのである。たしかにその言い分に一理あるのは否めない。

日本の若いムスメ（未婚の女）は前述した通りかなり愛敬があるが、既婚の女となるとそうはいかない。娘たちがなんの束縛も心配もない生活に別れを告げて結婚生活に入るその日に、娘らしい美しさも失われてしまう。眉を剃り落とし、輝くばかりの白い歯も黒く染めなければならないからである。それまではいたずらっぽく、かつまた愁いをふくんでいた目も表情を失い、唇を開いて気持の悪い口の中を見せられるたびに、思わず後退《あとずさ》りしてしまうほどだ。女は自分でもその醜さに気づいていて、顔の表情に出てしまう。よく見かけたことだが、人によく思われたいという欲求をまだ捨てていない年若い既婚女性は、笑うときにはいつも、黒い歯をできるだけ隠そうとして気の毒になるほど奇妙な具合に唇を歪めていた。

女性の正装には、ガウンの形をしたキモノ〔着物〕を何枚か重ねたものを使う。着物は足まで届き、足をすっかり包んでしまうこともある。生地は木綿か絹、あるいは高価な金銀の錦で、色もさまざまだが、灰色とすみれ色、正式の席では赤がもっとも好まれる。着物は、（夏場は胸の中程まではだけられるが）腰の所を何本もの幅広く色とりどりの絹の帯で締めておさえる。帯の間にはタオル〔帯揚げ、帯締等〕が二、三本さし込まれ、半分垂れ下がっている。帯をつけて歩くのは戸外だけなので、寒さをしのぐためかとも思われるが、帯がその定められた場所からはずされないところを見ると、それはおそらく目を楽しませるものにちがいない。庶民の女は冬になるとこれらの着物の上に綿入りの毛皮の上着をつけるが、これは腰の所を帯で締めつけない。[21] 履物は男のと同じである。

ごく貧乏な日本女性でも髪の手入れだけは念入りにする。髪は頭のてっぺんでまとめて趣味よく盛り上げるが、小さな身体全体に比べるとあまりにも大きすぎる。髪の結い方、編み方は色々で複雑。私にはとうてい描写できそうにないが、飾りなしにしろ、晴れの機会にするように赤い絹の紐、金銀鼈甲《べっこう》の長い簪《かんざし》で飾ってあるにしろ、ともかく美しい。髪で作ったこの脆《もろ》い構造物を少しも崩さずに、その上に帽子をのせるのは不可能である。だから女たちは無帽で通りを歩き、よほど寒くならない限り、大きな黒いスカーフで頭をおおったりしない。このスカーフは頭だけでなく顔も肩も胸もすっぽりくるみ、見えるのは目だけ、西洋女性のバシリク頭巾(22)にちょっと似ている。社会の最下層の女性でさえ紅やおしろいの類を使い、塗りたくればきれいさが増すように思っているようだが、このお粧《めか》しも（特別の機会にのみする）、外国人の目から見ると、身の毛もよだつような印象しか与えない。

日本人は多産な民族である。そこいらじゅう子供だらけで、その生き生きとした顔、ふっくらした身体、活発で陽気なところを見れば、健康で幸せに育っているのがすぐにわかる。まだ小さくて歩けないときは母親や兄姉が背中におぶい、とてもよく面倒をみる。冬には、家の裕福さ加減にしたがって温かい冬服にくるまれる。少し大きくなると外へ出され、遊び友達に交じって朝から晩まで通りで転げまわっている。好きな遊びのひとつは紙でつくった凧《たこ》を飛ばすことで、天気の良い日は横浜の天高く、何百もの凧が浮かんでいる。お店にはたくさん凧が並んでいて、火を吐く怪物〔竜〕、手足をばたつかせて泳ぐ人、空飛ぶ鳥、魚等、さまざまな絵がついている。女の子は羽根つきが好きで、非常に器用について遊んでいる。日本のおもちゃ屋は品数が豊富で、ニュールンベルクのおもちゃ屋にもひけを取らない。みな単純なおもちゃだが、どれもこれも巧みな発明が仕掛けてあって、大人でさえ何時間も楽しむことができる。休みなしに宙返りをうつ人形、馬の尻尾の毛の上を上下する独楽《こま》、魔法の本、のぞき眼鏡、万華鏡等々。

祭りの日になると、子供たちは男の子も女の子もそれぞれきれいに着飾られる。女の子たちは大人の娘と同じくらいの厚化粧で、その日に限ってずっと真面目な顔つきをしている。大人とちがうのは髪型だけである。子供の髪は、よく生えるようにするためであろう、いろいろと手入れや刈り込みがされる。丸坊主にされることもあれば、てっぺんの真ん中だけ刈って残りの髪を額に垂らし、赤い鉢巻をしていることもある。またその逆に、髪を頭のてっぺんでまとめ、造花を一本つき挿しておくこともある。

訳注

（1）この部分をはじめ以下の記事には、リンダウの前掲書〈本書第一部第四章訳注（2）を参照〉中、第六章と第七章によったらしい記述が目立つ。なお、ミカド〔帝〕と大君を混同した箇所が少なくない。

（2）同じくリンダウの前掲書第九章原注（4）にあげられた数字からの換算であろう。

（3）ヤマシキを上屋敷、下屋敷と判断したが、カミヤシキよりはシモヤシキを聞き誤ってヤマシキとした可能性の方が大きい。

(4) 前述したように〈本書第一部第二章訳注（3）〉、スエンソンのいう「僧侶」には、僧侶と神主の両方がふくまれているようである。

(5) スエンソンの分類する「三階級」には「僧侶」も含まれているが、帯刀御《たいとうご》免《めん》の僧侶（神主）がどれだけいたかは未詳。

(6) デュレンダルはフランス最古の叙事詩『ロランの歌』の英雄ロランの刀剣、チュアフィングは『アイスランドサガ』の中で語られる超自然的能力をもった刀剣。

(7) フィギュアスケートのエッジのように中央を凹ませた研ぎ方。

(8) 訳注（5）を参照。

(9) おそらく屋号の類であろう。

(10) 以下、スエンソン流の比較文化方法論である。

(11) 以下の例は、四十七士を三十五人とした誤りもふくめて実際の事件ではなく、「忠臣蔵」伝説によったリンダウの前掲書第十章原注（5）からの書き写しであろう。

(12) 「日本人論」の一変奏とも見做し得る日本礼讃がここに展開される。

(13) 幕末期における「武」の後退を観察していて興味深い。

(14) ここには、鎖国は悲劇という一辺倒な観点はうかがえない。

(15) 天保八年（一八三七）刊、小関三英訳の『那波列翁伝』のことであろう。

(16) 昌平坂学問所、蕃書調所（開成所）は幕府の開校になるが、各地におかれたのは藩校の類で、この部分の記述は正確を欠いている。

(17) 一八二四年シーボルトが開いた鳴滝《なるたき》塾のことであろう。ちなみにポンペが長崎に養生所を開いたのが一八六〇年、翌年精得《せいとく》館と改称された。

(18) ここには貧しいほど飲むという先入観がある。

(19) リンダウの前掲書第三章からの受け売りであろう。
(20) この部分、観察に信憑性がある。ナイーヴで素直だった若いスエンソンの姿が彷彿とするところ。
(21) 何も毛皮であるとは限るまい。概してこの項、稚拙な誤解、不充分な知識が目立つ。
(22) バシリクは、もとタタール人の用いた、外套につけられた毛織物の頭巾のこと。

七　横浜Ⅵ〔朝鮮よりふたたび横浜へ〕

約二ヵ月の不在の後、私はふたたび日本へ舞いもどった。朝鮮遠征は終わった。私は美しい一級フリゲート艦ラ・ゲリエール号（La Guerrière）に乗船、同船後檣《こうしょう》の先端に自分の旗をはためかせていたローズ少将のもとで、これも同様に魅力的かっただ学ぶだけでは経験できない副官の任務についていた。

十一月二十四日長崎に入港。朝鮮から連れ帰った負傷兵に休養の時間を与えるため、指揮官は横浜への帰途、長崎に寄港することにしたのだった。私も負傷兵のひとりで寝台にくくりつけられていたため、九州の海岸、長崎港を世界の美港のひとつにしている入港時のうっとりさせられるほど美しい両岸、微笑みかけてくる辺り一面の景観も、砲門を通してしか眺めることができなかった。長崎の町の方もそのときは、町がすっかり気に入ってしまった同僚たちの話を聞くにとどめるしかなかったが、私も後日町を訪れる機会を得たので、日欧交渉史上重要な事件の舞台になった当地についての紹介は、のちほどということにしたい(1)。

まず、重大事件が起こってわれわれの長崎滞在は当初の予定よりはるかに短いものになってしまった。新しい大君が日本の非宗教的〔行政的〕元首の座についたのである。こうした事件の際に深刻な騒擾《そうじょう》の伴わないことは稀なので、海軍指揮官の横浜駐在が望まれた。周知のように日本は宗教的首長ミカドと非宗教的元首大君の両者に統治されている。後者はもともとただの執政者、ミカドの大将軍にすぎなかったのだが、時が経つにつれて国政の実権を一手におさめ、ミカドは政策決定になんら影響力をもたない傀儡《かいらい》の地位にまでおとしめられた。原注(1) それでもやはり、新しい大君の指名を合法化するためにはミカドの承認が必要であるが、これはさほど難しいことではない。また、先の大君の死と新大君が指名されるまでの期間に諸派間の争闘が制御のきかないほどにまで広がるのを避けるため、大君の死は新しい大君が指名されるまで民衆には秘密にされていた。(2)

新任の大君は以前の名をストツバチ〔一橋〕といったが、就任とともにウエサマ〔上様〕の名を名乗った。(3) 日本でもっとも有名な大名家のひとつの養子であったが、その大名家の当主は西洋列強が日本に駐在することになった当初、外国人に敵対する巨大なグループの先頭に立っていた人物で、憎悪をもって外国人を追いまわしていたが、死の到来とともにその憎悪もやっと葬り去られた。(4) その大名家の子である上様は、一家の国粋的迷信を受け継いでいるのではないかと心配されたが、その心配は根拠のないものだったこと、また、新しい大君は日本駐在の外国諸国に対して好感と興味を抱いていることが、諸事件の成り行きからやがて明らかになった。

さらに悲しい事件がもうひとつ起こり、われわれの出発をいっそう早めることになった。長崎到着後十四日目に、蒸気商船が、横浜の大半が大火事の災難に遭ったことを伝えてきた。(5)日本人区域の大半と西洋区〔外国人居留地〕のかなりの部分が破壊されたという。外国の公使館のすべて、私邸も多数が灰燼に帰したということで、被害額は四、五百万ドルと見られ、日本人が外国に対する敵愾心《てきがいしん》から放火したのだろうと嫌疑をかけられている。この最後の部分を信じるかどうかは別として、われわれは急いで波止場を離れる準備をし、負傷者の健康状態が許すや否やただちに出港、大隅海峡を通過して南回りで横浜へ向かった。嵐のために航海が遅れ、十二月十八日になってやっと目的地に到着した。

興奮状態にあった当初は、日本人の側からなされた計画的犯罪行為にちがいないと思っていた疑いも、ここへ来てみるとまったく根拠のないことが判明した。日本人自身、西洋人よりはるかにひどい火災の被害を受けていて、それにもかかわらず、あっぱれな勇気と称賛すべき犠牲心と沈着さを発揮して、西洋人の貴重品を無事に運び出す手伝いをしたのだった。朝の八時に出火、五分も経たないうちに日本区の大方が火の海と化し、前述したようにそここの家々は木と紙でできていたため、マッチの束に火をつけたような炎が空をなめ、人々はたちまちのうちに燃え尽きた家屋から命からがら逃げ出したのだった。火は西洋区の北側の部分にまで広がり、今にも総なめの勢いだった。大きな石造の建物をいくつか爆破することで、短期間のうちにようやく炎の突進を食い止めることができた。と同時に風向きが南に変わって、西洋区の南の部分を救うことができ、午後七時にはなんとか火を消し止めた。けれどもこの火災はたくさんの犠牲者を出した。焼け落ちて今はもう平らな野原だけになってしまったヤンキロー〔岩亀楼〕だけでも、三十人近い娘があるいは炎に包まれて、あるいは水にのまれて命を落とした。遊廓にかかっていた唯一の橋は、そこを通って命をとりとめようと殺到した千人もの人々には狭すぎた。絶望のあまりに多くの人々が遊廓をとりまいていた運河に飛び込み、焼け死ぬかわりに溺死を選んだのだった。

西洋人の側の被害はさほど大きくなく、負傷者も出なかったし、焼け落ちた建物や倉庫も多額の保険がかけてあったため、不動産を火災によって失って、かえって利益を得た商人がたくさんいた。おたがい最善をつくして助け合い、雨露をしのぐ場所をなくした人々には、幸い住み家を奪われずにすんだ人々が部屋を借し与えていた。われわれが到着したときには大部分の人はもう落ち着きをとりもどしていて、災難の最中にあわてふためいてした滑稽な行為の数々のことばかりを、思い出すままに語り合っていた。

われわれの横浜到着から私が傷が治って初めて上陸したときまで、たかだか五、六週間しか経っていなかったが、火事の痕跡はほとんど拭い去られてしまっていた。西洋区の焼跡は整理され、まだ空き地のままだった所がたくさんあったとはいえ、ぼつぼつ家が建てられつつあった。火事のせいで横浜の将来がおびやかされるのではないかと心配する向きがあったが、建物を焼失した大きな貿易商の大多数が横浜を商売の根拠地とするのをあきらめて、替わりに日本の商業の中心地であった大坂、条約により一八六八年一月一日に開港されることになっていた大坂の方へ移す計画が進められていたからである。フランス病院は依然として偉容を誇っていた。バンド〔海岸通り〕にあったこの建物が最後まで災難を免れたのは、病院の精力的な支配人が、病院を爆破せんと地雷を仕掛けた英国の兵士の一団を、炎をあげる薪を手にして追い払ってくれたおかげだった。

日本人区は多忙をきわめていた。通りは板、角材の類で埋まり、それを何百人もの大工が鋸《のこぎり》で切ったり、鉋《かんな》をかけたりして忙しく立ち働き、魔法にでもかけられたように次から次へと家が地面から生えて出た。すでに新しい家に移り住み、何ごともなかったかのように暮らしている家族がいくつもあった。珍品とも ども焼け落ちてしまった骨董通りの一方の端には、見たこともなかった立派な店が新たに建てられ、届いたばかりの品物があふれていた。町の半分が建て直され、一、二ヵ月の後に横浜は、形は昔のままだがすっかり若返った姿を見せてくれた。ヤンキローのみがかなりの変貌を見せ、今回の火災にともなって起こった不幸の数々が将来ふたたび繰り返されることのないよう、ところどころが拡張された。

日本人はいつに変わらぬ陽気さ暢気《のんき》さを保っていた。不幸に襲われたことをいつまでも嘆いて時間を無駄にしたりしなかった。持ち物すべてを失ったにもかかわらずにである。被った損害を取りもどすために全精力が集中された。父親を先頭に、どの家族も新しい家を早く建てようと奮闘した。屋根を葺き、戸や窓に紙を張ったり畳を敷いたりして、部屋のひとつが使えるようになるかならないかのうちにもう荷物を解き、少しでも早く収入を得ようとして売り物を並べていた。日本人の性格中、異彩を放つのが、不幸や廃墟を前にして発揮される勇気と沈着である。ふたたび水の上に浮かび上がろうと必死の努力をするそのやり方は、無分別にことにあたる習癖をまざまざと証明したようなもので、日本人を宿命論者と呼んでさしつかえないだろう。

火事は日本の町をしばしば襲う災難のひとつである。家を建てるのに燃えやすい材料を使っているため、特に、住人が大きな火鉢のまわりで暖をとる冬の季節には、ちょっとした不注意で火が出やすい。そして、一度燃え出したら最後、わらの束のように燃え上がってしまう。ひと町全体が数時間のうちに燃え尽きてしまうことも珍しくなく、いや、しょっちゅう起こっているといった方が良く、家の平均寿命もたったの十五年と見られている。火のまわりが早く、またたく間に惨事が広がるため、財産を持ち出すことはほとんど不可能である。そのため、店に非常に高価な品物を置いている裕福な商人は、店の裏に石と粘土で作った耐火性のある小さな建物〔蔵〕を建て、毎晩高額な珍品の類をそこにしまうのである。日本の町ではこの種の建物だけが災難を免れる。周囲の家々は燃えやすい材料で作られているため、炎にさっとひとなめされるだけで、ふつうのものより耐火性の強い材料で作ってある蔵の壁を熱くする暇さえない。

政府は火災の頻度と規模を減少させるべくできるだけのことはしてきた。どの町も数地区に分割され、そこの男の住民が火消し隊を作っている。これは軍隊並みの規律で組織されており、隊長たちは防火服と消防かぶとを着ける。また、火の見櫓《やぐら》が町の随所に設けられ、家々の屋根から抜きん出て高い位置から昼夜を分かたず監視を行ない、信号と半鐘で、火事の方角と規模が知らされる。声がかかるや火の出た地点の近所に住む火消し隊が駆けつけ、ほぼ毎日の出動で鍛えられている器用さと沈着でもって火消しの任にあたる。ある大きさ以上の家はみな、警察の規則によって、通りに常時水を張った桶をおいておくことになっている。そのほかにも日本式の構造になるポンプも備えているが、ポンプも水も、木と紙でできた家にはほとんど役に立たない。火の手を制する唯一有効な方法は、かなりの面積の部分の家を取りこわし、炎に養分をやらないことである。その目的のために火消し隊は、短く先の尖った鳶口《とびぐち》で装備されていて、これを屋根や壁に食い込ませ、もろく建てられている家を一、二分のうちに地面に引き倒してしまうのである。あたりに集まった人々がそれぞれ板一枚、扉一枚と運び出し、またたく間に火を逃れて安全な場所に移す。

二ヵ月半ほどわれわれは安穏な日々を横浜で過ごした。富士山は光り輝く冬の衣装を着けていたが、われわれの周囲では自然は相変わらず緑の微笑を送ってよこしていた。まる一日地面が雪におおわれたことも一、二度あったが、気温が零度まで下がることは稀だった。横浜は時に零下七度まで下がることがあるにもかかわらずである。

クリスマスの日々は、ラ・ゲリエール号上ではほとんど何ごともなく静かに過ぎていった。それにひきかえ英国の戦艦はいずれもヒイラギで飾られ、たくさんの砲門にも灯火がともされて、波止場には陽気な歌が満ちあふれた。フランス人は北国の楽しい祭りを知らない。北国のクリスマスは、故郷からはるか遠く、まったく異なる環境にあっても、ふるさとの思い出、それにともなう何百もの懐かしい思い出を新たにしてくれる。フランスの軍艦では、船の神父（がいればの話だが）の読み上げるミサに、士官と乗組員がクリスマスの日の朝に集まる。きゅうくつな制服姿で、誰にもわからないラテン語のお祈りが読み上げられるのにじっと耳をすまし、それが終わると急いで制服を脱ぎ、家族の思い出もふるさとの思い出も引き出せないまま北国の祭りのことなど忘れてしまうのである。(6) 元旦の日には参謀に囲まれた提督が士官たち、乗組員たち、横浜在住のフランス人たちから新年の挨拶を受ける。各代表団中の最年長の者が堅苦しい型通りの挨拶をし、提督がそれに答えて儀式は終わる。

フランスの兵士は、新年早々、守護聖人の名の日を祝って意趣晴らしをした。フランスの水兵の各層はそれぞれある特定の守護聖人に守られていると言い伝えられており、この信仰は、飲めや歌えの乱痴気騒ぎの口実として特に重んじられていた。聖バーブは砲兵の、聖モーリスは海兵の守護神である。檣楼《しょうろう》員は天から特に守護神を授けられていないために、法王の許可を得ることもなく、また海軍で僧職を務める人々の憤慨もものともせずに、聖エピスワー（聖綱通し）と呼ぶ守護神を選んだ。(7) 士官の好意でこれらの宴会は大部分艦上ではなく陸で催され、陽気で飲みっぷりも並大抵でなかったが、ある日痛ましい事件が起こり、提督は騒ぎをやめさせるために乗組員の上陸許可を取り上げざるを得なかった。下士官のひとりが乱痴気騒ぎの最中にものすごく酔っ払い、我を忘れてしまったのである。ナイフを片手に通りを走りまわり、日本人の家に押し入って女たちを辱め、さまざまな乱暴をはたらいた。そこへ庶民階級の日本人が二、三人現われ、堪忍袋の緒が切れたとばかりに下士官の頭を鳶口で打ち割って殺した。この日常茶飯事の事件、不幸な結果も自業自得としかいえないような事件は、それにもかかわらず町でたいへんな反響を呼んだ。以前、さしたる明確な理由もなく西洋人に加えられたことのある殺人行為の記憶が新たに蘇り、たいして意味のなさそうな事件に来るべき嵐の前ぶれを見ようとする連中の大多数は、この事件には西洋人を捕えようとする日本人の側からの新たな試みが読み取れる、などといったりしていた。幸いフランス公使〔ロッシュ〕もローズ提督もその見解はとらなかった。ふたりとも事件のいっさいをごく平穏に日本の裁判所の決定に委ね、間もなく、殺人を行なった日本人たちが、十分容赦の可能な犯罪だったにもかかわらず、自らの命を絶って償いをしたという報告がもたらされた。

次の日、横浜に火災警報があったが、外人居留地は一度だけ危ない目に遭いそうになっただけですんだ。ある晩、海岸通りにあったイギリス公使〔パークス〕の家から出火、半分日本式に建ててあったその家は、十分間で炎に包まれてしまったが、波止場の戦艦から全員が大急ぎで駆けつけてきて手を貸したため、運良く間に合って延焼をまぬがれた。その一時間後に始まる予定だった舞踏会のために公使は灯《あか》りをともしておいたのだが、その角灯のうちのひとつからベランダに火がついたのだった。火のまわりが早く、公使とその家族は、屋根が焼けくずれる寸前、あやうく命をとりとめたのだった。火事は江戸でも頻繁に起こり、北側の地平線が炎の照り返しで赤く染まらない日はほとんどなかった。

時々、地震によって肝を冷やされた。非常に激しいときがあり、フリゲート艦の上にいてさえ感じることがあった。錨の鎖を通じて船にまで震動が伝わってくるのである。陸上ではそれよりはるかに深刻である。地震は日本では毎日のように起こる。これまでに何度か恐ろしい破壊をもたらしており、住民は、荒海を行く船乗り同様、地震は危険だという考えに慣れっこになってしまっている。どうせ為す術など何もないのである。九州ひとつをとってみても活火山が五つもある。この国の悩みのひとつである地震は、建築芸術の発達を妨げるべく大きな影響を及ぼしてきている。建築技師は必ず横に広がる建物を建て、高さをできるだけ制限することを余儀なくされる。この点については後でまた、日本の大都会の話をするときに触れることにしよう。

　艦上ではやがて地震にあまり関心を示さなくなった。それというのも、時を同じくしてもう一つ別の現象が生じたからである。富士山が煙を上げたのだ！　山から煙の渦が薄く立ち昇っているのを初めて目にしたときは、われとわが目を疑って、山頂あたりに雲でも集まっているのだろうと思った。けれども次の日、同じ場所にまた煙を発見すると、もう疑いの余地はなかった。富士山はほんとうに煙を吐いていたのだ。われわれの観察が正しかったことは上陸してから確認された。みんな煙を見ており、日本人は、とっくの昔に燃え尽きた火山がふたたび活動を始めたのを、たいへん不吉な前兆と見て非常に心配していた。しかしこの異常な光景は、ほんの数日続いただけで何事も起こらずにすんだ。その煙が変な幻視に過ぎなかったのか、それとも新しい火口がほんとうに口を開けたのか、私はついに耳にすることがなかった。季節が季節だけに山に登ることは不可能で、私が日本を後にしたとき、日本人は調査を始めるどころか、そのような調査をするかどうかさえ発表していなかった。

　安穏な毎日を利用してわれわれはよく横浜の郊外を散歩したり遠足に出かけたりした。高低のある変化に富む地勢、流れる川や水をたたえる池、広がる空と美しい海、種類が多く豊かに群生している植物のおかげで日本は世界でいちばん美しい国のひとつになっている。ここでは熱帯と温帯の植物の生態系が交じり合い、同じ程度に茂っていて、竹藪《たけやぶ》、ヒマラヤスギ、イトスギ、ヤシの類に隣り合ってカシ、ニレや西洋の果樹のほか、他の国では見られない非常に種類の多い常緑樹が育っている。われわれはよく、朝から晩までうっとりさせられるほど素晴らしい小さな谷間を歩き回った。横浜からそこまでほんの数分歩くだけで、大きな町の単調な生活からずっと遠く離れてきたような気持にさせてくれるのである。森におおわれた斜面を縫うようにして下る、草に隠れた小径を通り、木洩《こも》れ日《び》が揺れ、頭上では小鳥が歌い、地面にはスミレが咲き誇って、あたりの空気を香り高くしている小径を行くと、やがて、見事に耕された谷に着くのである。小さな村落に、ぽつんと立った農家が華やかな色に輝く畠のあちこちに散在していた。男も女も子供らも野良仕事に精を出し、近づいていくと陽気に「オヘイヨ」〔おはよう〕と挨拶をしてくる。町と同じくここでも家は人形の家のようだが、柱は光沢を放ち、〔障子の〕紙も白く輝いている。住民は健康そのもの、満足な様子がまぶしいほどに見えた。快活さが一目でわかる表情で、老若を問わずわれわれに話しかけてきて、いちばん見晴らしの良い散歩道を指し示してくれたり、花咲く椿の茂みを抜けて半分崩れかかっている謎めいたお堂に案内してくれたりする。お堂には、苔むした尊い仏の像が、樹齢何百年にもなるカシの木の陰で田園の孤独を楽しんでいた。こぶの多いカシの木の枝はキヅタや薄緑色のカズラにふんわりとおおわれていた。散歩者でもっと人通りの多いミシシッピ遊歩道沿いには、[8] 見晴らしの良い場所にしつらえられた茶店が至る所にあり、お茶とカステラ、時には海岸でとれる新鮮なカキも楽しむことができる。その間、周囲で微笑む自然と、頬を染めて笑いながらまとわりつくようにして外国人に心のこもった給仕をする陽気で活発な娘たちに、満足気な視線が送られる。

日本人は狂信的な自然崇拝者である。ごく普通の労働者さえ、お茶を満喫しながら同時に美しい景色をも堪能する。したがって茶店の位置も、目を楽しませるという目的のために特別の配慮をして選んである。時に日本の景色、特に郊外の景色に浴びせられる非難は、それがあまりに整いすぎているという点に向けられている。自然が十分に自然のままにされていないという非難である。人口密度が高く、勤勉この上ない国民の住んでいる国に、特に必要のない限り利用してない土地が残されていないのは当然だろう。もしも日本人が農業に適していないのなら、一片の土地に至るまで収入をもたらすように耕されている風景を目にすることはまずあるまい。幸い日本人は土地に休息を与える必要を知っており、随所で広い面積の土地が休閑地として何年も放ってあり、灌木や雑草におおわれるままになっている。それが神木として尊ばれ大事に守られている巨木と一緒になって、少々単調すぎる水田と麦畑に適当な変化を与えている。

もうひとつ、目ではなく嗅覚が日本の風景に向ける非難は、一年のうちの決まった時期に、どんなに詩的で美麗な風景をも散文的で絶望的なものにしてしまう悪臭である。地味を肥やすために糞を尿に溶かしたものを用いるのだが、このどろどろの液体は山腹に掘られた穴に貯蔵され、それがすぐに腐敗してえもいわれぬアンモニアの香水の悪臭を放つのである。地面にこやしをまく月には、この忌まわしい混合液をふたのない桶に入れて畑を運びまわり、芽を吹いたばかりの植物に浴びせる。おかげで植物は養分を得てすくすくと育ち、西欧の施肥法よりはるかにすぐれた効果をもたらす。しかし、目を楽しまされるのと同じ程度に鼻をつかれ嫌悪をもよおすため、どんなに自然を愛好していようと、この季節ばかりは恐れをなして田園から逃れ、町の空気や潮風で満足するよりほかにない。

日本人の自然感覚は、庭づくりに対する好みにもうかがい知ることができる。どの家にもたいてい小さな庭があり、部屋ひとつ分の大きさしかないのが普通だが、住人が丹念に手入れをしている。この小さな地面に趣味の良い珍しい植物を集めては上手に育てて大事にし、頻繁に鋏《はさみ》を入れ、ありとあらゆる趣向をこらして見事な形に整える。珍しい植物に対する興味は測り知れず、外国産の植物にとんでもない金額を支払うことも珍しくない。あまり裕福でなく本物の庭がもてないときには、その埋め合わせに小さなミニ庭園を作り、大きな木箱におもちゃのお堂、家や橋を並べたり、その周囲に、いちばん大きくても高さが数インチぐらいしかない小形で勢いの良い木を植えたりするのである。

横浜の近郊に限らず南日本全土において、イネはいちばんすぐれた農産物である。盆地もしくは一年のうちほとんど水の張っている低湿地がもっとも栽培に適している。けれども、もっと乾いた土地でも、収穫の質量ともに劣るが、栽培は可能である。種は最初、小さな柵の中に蒔かれる。それがある程度の大きさになって生命力がつくと、春に、十本ほどの束にしたものを一フィートほどの間隔をおいて田に植える。(9)稲のほかにも西洋ではごくありきたりの各種のムギ、コムギやオオムギ、キビ、トウモロコシ、ソバの類が栽培される。大事に育てられ、前述の方法でこやしがほどこされるので、ヨーロッパでは見られないほど見事に成長する。野菜類、豆、木綿、麻、タバコも同様で、この地方の農産物だが、茶や養蚕に使う桑は、内陸地方で栽培している。農業はほとんどすべて手仕事で行なわれる。土は鋤《すき》と鍬《くわ》で耕されて、畝《うね》が作られるが、ヨーロッパの畑の畝と同じくらい規則的である。稲穂は殻竿《からさお》で打って脱穀され、ゴミを除くのに風送りの装置がよく使われる。籾殻《もみがら》をとるには大きな木《き》臼《うす》を使い、杵を動かすのに足を使ったり手を使ったり、時には水力を用いたりもする。町の米屋では米がいっぱい入ったこの種の臼が十ほど並んでいるのをよく見かける。巨大な杵の先端に十人ほどの日本人が足をのせて重みをかけ、次の瞬間足を外すと杵がもろに米の上に落ちる仕掛けで、この規則的な上下運動で籾をとるのである。

横浜を離れて北の郊外を抜け、神奈川湾の青い水に近づいたり遠ざかったり、林におおわれた山道をジグザグにのぼったり水田のある低湿地を通ったりして街道に沿って歩いていくと、一時間ばかりで神奈川の町と東海道に達する。東海道は日本の幹線道路である。西は長崎を起点にして九州を小倉まで横切り、海峡の反対側の下関からさらにずっと日本を横断してふたつの首都、京都と江戸を通過し、北はサンガー〔津軽〕海峡で中断されるが、エッソ〔蝦夷〕島の南岸、箱館の郊外が終点となる。(10) このように東海道は日本でいちばん人口密度の高い部分、農耕の盛んな地方を横切って商業と交通の動脈となっており、この大きな国のおたがい遠く離れた諸地点を繋ぐ役割を果たしている。至る所で村落や農家、茶店等に囲まれていて、街道というよりは人口の多い町の繁華街を思わせるほどである。神奈川は江戸と横浜に近いこともあって、ほかの所よりいっそうにぎわっている。

二月の初め、ひとりの士官と一緒に東海道まで散歩に出た。東海道はわれわれがよく遠出する所である。その日は特に見物にふさわしい日で、二月五日に始まりそれから何日も続けてお祝いされる日本の正月の直後にあたっていた。(11) 神奈川で道を折れて東海道に入ると、花に飾られた薄緑の並木道に変貌していて驚いてしまった。どの家の前にも大きな桶が置かれ、そこには細くて背の高い木が植えてあって、その新緑の若枝には色つきの紐と造花が下げてあった。家は緑の花綱と花輪で飾られ、その緑を背景に、茹《ゆ》でた海老の赤い色が至る所で際立っている。(12) 海老にはきっと何か象徴的な意味があるにちがいない。マズリと呼ばれる日本の祭りには必ずなんらかの役割を果たしている。(13)

東海道では大勢の人々が行き交っていた。いつもは暗い色で質素な服を着ている日本人も、その日ばかりは華やかな色の服で生き生きとして見えた。娘たちは輝くばかりに赤い絹の和服を着て、紅、おしろいをつけ、喜びに満ちあふれていた。酒樽に頭を突っ込みすぎたような役人の一団が娘たちの間に立ち交じり、苦虫をかみつぶしたような表情と洒落《しゃれ》た衣装で娘たちの気を引こうとしていた。三人の別当を前に走らせた粋なダンディーたち、あるいはまた、ノリモン〔乗物〕に押し込められ、たくさんのお伴につきそわれて江戸と国元の間を往復する旅の途上の大名などが現われるたびに住民は、叫んだり笑ったりしながら道をあけ、娘たちは恥ずかしそうに家の中に隠れてしまう。もっと平凡な庶民の階層は店や屋台の周辺に群を成して集まっている。道の両側の屋台には食欲をそそられる生の魚のケーキ〔握り飴〕ほかたくさんのごちそうが並べてある。大きな荷鞍に荷物をどっさりのせられ、蹄鉄の代わりに藁《わら》のサンダルをはかされた馬の長い隊列が、鈴の音を陽気に鳴らし、馬丁にかけ声をかけられながらゆっくり前進していく。乞食坊主や、単調で耳をつんざく音の笛を吹き鳴らしては道をあけるよう人に注意をうながして歩いている盲目の物乞いたちは、いつもと同じ身入りの多い商売をしていた。年若いムスコ（少年）たちは頭に鳥の羽根飾りをさして道化の衣装を着け、手品や跳んだりはねたりの機敏な動作を集まった人に見せていた。旅の楽師や喜劇役者は歌ったり芸をしたり、見ていて胸をしめつけられるような仕草で殺し合いを演じたりした。家の住人たちは道に面して戸を開け放った部屋に集まってお茶をすすったり煙草を吹かしたり、おしゃべりしながら笑いつつ、次から次へと前の道を通り過ぎていく雑多な人間の一団を眺めていた。おたがいに訪問したり訪問されたり、そのたびに頭がぺこぺこ下げられ、お世辞が飛ぶ、太腿がこすられる、(14)の繰り返しでいつまでもきりがない。――要するにわれわれは、日本の庶民生活の典型的な場面の真ん中に身をおいていたというわけだ。そこにはまだ、それを乱すべき西洋的要素は少しも影響を及ぼしていなかった。

どこへ行ってもわれわれの制服は注目の的になり、驚きの目を見張られることさえあった。神奈川の郊外にある東海道の一部分が、西洋人の訪れる権利を有する地域内にあるにもかかわらず、不愉快な目に遭うことが少なくなかったこの人通りの多い街道まで、敢えて徒歩でしかも武器を持たずにやって来る物好きな西洋人はめったにいなかった。一八六二年、旅の途上にあった大名の随員が遠乗り中のおとなしい英国人の一団を襲ったのはここだった。(15) リチャードソンが殺され、ほかの者は急いで逃げてなんとか助かった。われわれもその日は、大胆で物好きな行為がもう少しで高くつきそうになった一瞬を味わうことになった。ひと目で酔っ払っているとわかる役人がひとり、恐ろしい顔をしてわれわれの方に近づいてきた。じっとにらみつけながら、われわれから一、二歩ほどの距離まで来たときに刀の柄《つか》に手をかけたのである。ステッキを手にしていた私の友人はただちに〔フェンシングの〕「身構え」(en garde)の姿勢をとり、何も武器を帯びていなかった私はその男にとびかかり、刀を抜かせないようにした。われわれの攻撃的な動作にたじろいだのか、男は考え直したようで、いきなり脇によけると、何もせずにわれわれをそのまま通させてくれた。こちらが思わず歩調を早めたのはいうまでもない。日本人の敵意を目のあたりにしたのはこのときが後にも先にもただの一度で、この国民の普段は柔和でおとなしい性格に対する私の信頼が揺るがされたことは一度もなかった。

帰り道に、休憩しようと思って道の両側に並んでいた大きな茶店のひとつに入った。町にあるあまり道徳的でない娯楽場で、日本人がチャヤ〔茶屋〕と呼んでいるものと混同してもらっては困る。茶屋は西洋の宿屋、ホテルに匹敵する。茶店の方は旅人の便宜のためにあるのであって、たとえ主人が若くて愛敬《あいきょう》のある給仕女を集めて客を惹き寄せているにしても、品の悪い的外れの冗談はここでは通用せず、ひんしゅくを買うのが落ちである。われわれはカンガ〔駕籠〕屋や荷を背負った馬や別当がたくさんいる中庭を通り、黒い帳《とばり》〔暖簾《のれん》〕のかかった建物の正面に導かれた。帳を分け、畳の敷かれた広い部屋に入る。そこは台所で、貧しい旅人や大勢の使用人のための部屋を兼ねていた。女主人が出迎え、地面に土下座をせんばかり、われわれの要望を聞いた。一部屋を借りたいという注文に、女主人は長い廊下を抜けてわれわれを家の裏側にまで連れていき、引き戸を一枚開けて部屋に案内した。縁側の向こうには趣味の良い庭園があり、そこからさらに神奈川湾が眺望でき、横浜の波止場を埋めていた無数の船とジャンク船が見渡せた。ゆっくり腰を落ち着けていると、きれいに着飾った娘たちが茶やカステラや煙草を運んできた。たいへん格式ばった女主人が座を立って監視する者がいなくなると、娘たちはふざけ好きになった。

部屋に入るとき、隣室から笑いのまじった大声が聞こえていたが、われわれに気づくやたちまち静まり返った。ところが五分も経たないうちに部屋を仕切っていた襖《ふすま》がすっと開けられ、着ているものから判断するに裕福な市民階級に属する者と思われる日本人が三、四人、中へ入ってきた。非常に畏《かしこ》まった様子で、何度も何度もていねいに挨拶をし、お世辞をたっぷり述べてから用件に入り、一緒に食事をしないかと誘ってきた。われわれは喜んでこの思わぬ招待を受け、日本人に合流して料理の並べられた低い机〔膳〕の前に場所をとった。彼らは内陸から来た旅商人で、商用で江戸へ向かう途中だった。何度も話には聞いていたものの、まだトージン〔唐人〕〔外国人〕に会ったことがなく、一度近くで見てみたいという欲求に逆らえなくなり、酒を二、三杯あおって勇気をつけてから思い切ってわれわれを招待することにしたのだった。おたがいの言葉を知らないことから、最初のうちは話が途切れがちで、言葉の代わりに身振りが頻繁に出た。横浜の日本人とは気軽に話せたが、それは、西洋人の話すごちゃまぜの野蛮な日本語に彼らが慣れていたからできたのである。しかし、日本語以外の言葉を耳にしたことのない日本人にとって、われわれとの会話は非常に難しかった。ところが、一杯飲むごとに主人側の理解力、大胆さも上昇、厳粛な表情でわれわれが「フランス、ニッポン、アナシゴト〔オナジコト〕」といい放ち、フランス人も日本人も結局は同類という意味のことを表現してみたところ、かれらはもう完全に有頂天になり、陽気さも好奇心もとどまるところを知らなくなった。われわれが別に気にかけないのを見てとると、服はおろか身体の一部分まで手で触れてきて、いろいろと丹念に調べはじめた。リンネルのシャツ、上着、長靴にはそろって感嘆の声を上げたが、その形はなんとも奇妙に映ったようである。同様、髪を伸ばした頭、私の友人の大きなあごひげもあまり気に入らなかったらしい。中国人と同じく日本人が食物を口に運ぶのに使う二本の細い棒〔箸〕をうまく使いこなせないわれわれを見て、かれらは心底からおかしそうに笑った。われわれはそんなことにはおかまいなしに、勧められた最高級の魚料理を心ゆくまで堪能した。ほかの料理はわれわれの口には無味乾燥でなんの味もしなかった。最初の好奇心がいやされると、今度はわれわれの風俗習慣についてあれこれたずねてきた。その折に、見かけによらぬ興味と判断力を見せつけられて、感心させられたものだ。私は、西欧を訪ねる日本人の誰かが、旅行で得た印象をやがて発表してくれることを望むものである。それは必ずや、『ペルシア人の手紙』(16)よりはるかにすぐれた、われわれ自身についての情報を与えてくれるだろうと思う。思わず時の経つのを忘れてしまったが、遅くなったので親切な日本人に礼を述べ、おたがいの尊敬と好意を存分に確かめ合って別れを告げた。かれらが初めて知り合ったトージン〔唐人〕の思い出がいつまでも良いものであるように望みたい。

横浜周辺でする遠出のうちもっとも人気のある目的地のひとつが西南二、三〔デンマーク〕マイル[17]の所にある鎌倉である。ずっと昔に築かれたこの聖なる都は、以前日本の首府だったことがあり、繁栄の日々はとうに過ぎ去ったとはいえ、たくさんの寺とそれに属する僧侶や道士たち、さらに祈りと徒然《つれづれ》のうちに人生を送る尼僧たちがいるおかげで今でも相当な威厳を誇っている。塔頭はいずれも神秘的で手入れの行き届いた庭の中に建てられ、周囲には深い堀がめぐらしてあって、僧侶たちがそこで監視をし、門外漢が近くに来て聖地を汚さないようにしている。幸い、寺の不可侵性がそれほど厳格に守られることは稀で、僧侶たちは西洋人を最大の好意をもって迎えてくれる。われわれはのちに大坂において、日本でいちばん大きくかつ裕福な寺のひとつを訪問する予定である。

鎌倉の近くにダイブツ〔大仏〕と呼ばれる巨大な青銅の仏像がある。高さ約二十五アーレン〔十五メートル〕、この仏像は例のごとく膝に両手をのせて座っており、両手の親指が合わされている。仏教では、その姿勢は地上のありとあらゆる絆から思考を自由にするのに特に適していて、内省をうながし、魂を抽象的な静観の段階にまで高めるという。仏像の前には大きな香炉がふたつおいてあり、花瓶をのせた台もある。仏像の内部は空洞で、小さな礼拝堂になっているので、信者はそこで祈りを唱えることができる。この記念像は木々や庭園に囲まれていて、道を折れると突然威容を現わすようになっているところなど、なかなか見事である。(18)

横浜から南へ三〔デンマーク〕マイルほど行った所、浦賀水道の西側に日本の新しい軍艦造船所、横須賀がある。そこへは陸からも海からも行けるが、陸から行く場合、平和な小村、金沢を越えて行くことになる。そこからは魅せられるほどに美しい静かで深い入江が見渡せ、緑におおわれた小高い丘が、金沢の村を横須賀から隔てていた。海は横須賀で断崖にはさまれた入江に食い込んでいるためにあらゆる方向からの風をさえぎり、絶好の港を提供している。けれども海からいきなり絶壁になり、造船所を建設すべき浜辺の余地を全然残していない。しかし日本政府〔幕府〕は、そのくらいのことでひるみはしなかった。ここに軍艦造船所を造る計画を一度立てた以上、後は地勢がもたらしている難関を除去すべき方法を見つけることに全力を集中するしかなかった。その課題の責任者には若いフランスの海軍技師が抜擢された。(19)そしてフランスから職人が呼ばれ、道具・機械類が取り寄せられて事業が着手された。信じる心は山をも動かすといわれるが、一、二年のうちに日本人は山を取り除いてしまったのである。一八六七年二月、私はローズ提督とフランス公使〔ロッシュ〕の伴をし、その地を訪れた。ほとんどの地域がすでに開拓されており、埠頭、ドック（船渠《せんきょ》）、大きな機械工場がすでに建設されていて小さな蒸気船を建造中だったが、何千人もの日本人は相変わらず敷地を広げるべく働いており、岩山を崩し、容積の大きい山を人手だけで除き去っていた。その作業の一部始終を見るにつけ、すでに完成されている部分を成就するのにいかほどの重労働が必要とされたかが思いやられるのだった。重そうな大槌で労働者がまず地面に杭を打ち込む。それを何度も揺り動かして地面を崩し、大きな土の固まりにして落としてから籠〔畚《もっこ》〕に入れ、凹地まで運んでいってそこを埋めるのである。この作業は何時間見ていても飽きることがなかった。何千もの籠〔畚〕が運ばれても山はいっこうに消えそうになかったが、この果てしなく続けられる仕事が、見事な結果をもたらしたのだった。

フランス人の職人は技師の指導のもと、横須賀でかなり大きな西洋人居留地を形づくっていた。政府は彼らのために洒落《しゃれ》た小さな家を建てさせ、職人のうちの何人かは妻子を伴ってくることも許されていた。高給を支払われ、さまざまな点で便宜をはかられていたので、職人たちは裕福で幸福だった。最近小さなカトリックの礼拝堂が建てられ、フランス人の神父が居留民全員を集めて毎日お祈りをしている。

多数の日本人労働者は造船所の裏の谷にひっそり隠れている大きな村に住んでいた。かれらは特別に任命された役人の厳しい監視のもとにあり、毎朝、鐘の音とともに仕事に呼び出された。技師が指令を役人に与え、それがさらに日本人に伝えられる。そうすることで、二国の国民の間に生じ得る衝突が避けられるようにしてあった。ひょっとすると日本人の職人の方が西欧人より優秀かも知れなかった。日本のものよりはるかにすぐれている西欧の道具の使い方をすぐに覚え、機械類に関する知識も簡単に手に入れて、手順を教えてもその単なる真似事《まねごと》で満足せず、自力でどんどんその先の仕事をやってのける。日本人の職人がすでに何人も機械工場で立派な仕事をしていた。(20)

横須賀は日本で唯一の軍艦造船所ではない。もうひとつ横浜に、同じくフランス人の指導のもと、すでに何年もの間機能してきている造船所がある。特に機械関係の仕事をするのに使われており、設備が良いために三、四百馬力の蒸気機関を製造することができる。第三の造船所は長崎にあり、もう長いことオランダ人に運営されていた。横須賀が完成されたなら、これら小規模な造船所は当然、修理作業のみに使用されるようになるだろう。

日本海軍はまだ幼児期にある。西洋人から莫大な金額で買った蒸気船はいくつかあっても、みな古くて性能が悪い。最新式の大砲、砲術方面での最新の発明の結果が装備されているかと思えば、まだこんなものがあったかと思うような古くて使いものにならない大砲がしつらえてあって、敵よりそれを使う日本人の方が危険にさらされる、といった具合である。たまたま日本に現われた西洋の商人に政府がだまされ、腐った船、役立たずの大砲をつかまされた日はもう過ぎ去った。政府は今、軍艦を直接北アメリカ、イギリス、フランス、オランダの造船所に発注し、目下、現代の要求する条件をすべて満足させる軍艦を何隻も建造中である。もうすぐ、日本の造船所が自国のすぐれた建材、鉄や金属に富んだ資源を活用して海軍に軍需資材を充分に供給できるようになれば、外国から軍艦を購入する必要はなくなるだろう(21)。また、これら三つの造船所で船や機械類を製造しはじめたように、江戸でも施条付きの大砲、銃、拳銃などの製造を始めている。

いうまでもないことだが、海軍の要員を集めるのは装備をそろえるよりははるかに難しい。けれども、現代日本の海軍は、まだ短期間しか存在していないにもかかわらず、この方面でもすでに驚くべき進歩を遂げている。ほとんどの船も日本人海軍士官の指揮下にあり、砲手、檣楼員《しょうろう》、技手、乗組員のすべてが日本人である。海軍を出世の道に選んだ若者は西欧の軍港に派遣され、そこで実習のみならず理論の方の教習も受ける。そして、若い海軍に完全なる軍事組織を与え、種々の軍艦上で一様な奉仕がなされるよう、政府は英国より海軍士官の顧問団を招いてその任務にあたらせ、日本人士官や船長たちから指揮権を奪うことなく日本海軍を欧米の規範にのっとって組織するという目的をすでに達している。[22]

原注

（1）この政権分離は現時点ではすでに解消されてしまっている。市民戦争において大君は、大名中の多くの敵の前に屈服し、そのうちの三大名にミカドが行政権を与えたからである。しかし、この方式もまだ確固たるものと見做し得るには至っていない。〔この原注が書かれたのが一八六九年、記述の不正確はともかくとして、明治初年の政治的背景が簡略に記されているとともに、その外国での評価もうかがい知れる〕

訳注

（1）スエンソンは一八六七年五月に長崎を訪れている〈本書第一部第五章訳注（5）を参照〉。しかし、本書にはその記述はふくまれていない。ちなみにスエンソンは、一八六七年六月にいったん長崎より横浜にもどり、翌七月、郵便船ファーズ号（Phase）で上海へ向かっている。一年弱の日本滞在であった。

（2）将軍家茂が大坂城中で死去したのが一八六六年八月二十九日（旧暦七月二十日）、慶喜の宗家相続布告は九月二十八日（旧暦八月二十日）であった。

（3）「上様」が慶喜の名と思われている。
（4）水戸徳川家斉昭の評価の一端が読み取れる。
（5）十一月二十六日（旧暦十月二十日）に出火、末広町を中心に燃え上がり、外国人居留地まで延焼した。
（6）北国デンマーク出身のスエンソンは、クリスマスが味わえずによほどさびしい思いをしたようである。
（7）綱通しの形状もさることながら、エピスワーには、ピスワー（立小便所）がかけられているのはいうまでもない。
（8）本書第一部第二章中の記述ならびに同章訳注（12）を参照のこと。
（9）十本ほどの束をまたさらに分けて植えるところまでは観察できなかった模様である。
（10）東海道が長崎から箱館までというのは、リンダウの前掲書第五章中にも見える。
（11）その年は二月五日が旧暦元旦にあたっていたのは正しいが、スエンソンは、毎年この日が日本の正月だと勘違いしていたようである。概して旧暦についての知識がスエンソンにあったようには思われないので、特に注を加えておく。
（12）これがスエンソンの観察した門松と注連《しめ》飾りの描写である。
（13）リンダウも前掲書第三章で祭りをマズリと表記している。
（14）深くおじぎをするとき、上体を支えるのに太腿に手をおくが、頭を上下させるにつれて太腿をこすっているように見えたのだろう。
（15）もちろん、島津久光の行列を護衛していた薩摩藩士が斬りつけた、いわゆる生麦《なまむぎ》事件のことである。
（16）モンテスキューが一七二一年に発表した匿名小説で、西洋文明を批判した。ちなみにこの部分、異文化理解の大前提である「平等な立場に立った上での開かれた対話」を提案して、スエンソンが、植民地主義の最前線にあったフランス海軍に加わっていながら、それを超えた視点をもち合わせていたことを示している。

(17) 一デンマークマイルは七・五三二キロメートル。

(18) 原書にはデンマーク人の手になる銅版画のイラストがそえられている。

(19) フランソア・レオンス・ベルニー（François Léonce Verny 一八三七—一九〇八）である。工事は一八六五年に着手された。横須賀造船所（製鉄所）建造計画については、篠原宏『陸軍創設史』（リブロポート、一九八三年）を参照。

(20) スエンソンのこの正直な感想は、当時の横須賀の職人、あるいはまた戦後の日本人労働者の国際的評価のみならず、時代を超えて日本の職人の特性をいい当てているように思う。

(21) 日本海軍のその後の発展は、スエンソンの予言通りになった。

(22) トレイシイ中佐（Commander Richard E. Tracy）を団長とする総勢十七名の英国軍事顧問団は、一八六七年十月二十四日に横浜に到着している。詳細は篠原宏『海軍創設史』（リブロポート、一九八六年）参照。スエンソンが「すでに」と記したのは、本書執筆当時においてという意味である。

第二部

一　兵庫への旅

横浜滞在がいかに快適であるにしろ、時が経つにつれて結局はかなり平凡なものになってしまう。特に、次から次へと絶えず背景の変わる生活を送り、自分の船と家庭以外の所では深い興味で結ばれる場所をもたない船員にとってはなおさらである。というわけで、横浜における長過ぎた虚《うつ》ろな日々が、前述した大君の交代にともなった諸事件がもとできっぱりと中断されたときにはたいへんうれしかった。当時の日本の政治状況についてはここで詳しく触れないが、ひとつだけ述べておくと、新しい大君、上様はできる限り西洋列強に接近することが自分のみならず日本の利益と一致すると見做し、列強国中、特にフランスが理解を示してくれ、いちばん信頼を寄せるに価するとの判断を下した。大君は、自らの軍隊を西欧の規範にならって根本的に再編成する計画に対してフランス政府が援助を与えてくれることをあてにしているが、大君の目論見《もくろみ》は、自分の軍隊を強大な〔薩長土肥諸藩の〕大名たちの軍隊をはるかに凌ぐものにするところにあった。けれどもこの第一歩も、のちにひかえていた野心的な計画の単なる前触れに過ぎず、その計画が成功した暁には、日本全土の政治状勢が根底から覆されるはずになっていた。
〔一八六七年〕一月の半ば、フランスからも総勢十五名の士官、下士官より成る使節団が到着、日本の兵隊を西欧の訓練された兵士並に変貌させるという難題に取り組んだ[1]。使節団はフランス政府により特に選出された者たちで、政府は事業が実を結ぶためには、団員が軍事の方面に優秀であるだけではなく、賢明で機転が利き、沈着さも充分に兼ねそなえていなければならないことを熟知していた。

　使節団の団長は、一八六〇年、中国出征中に捕囚されたこともある参謀将校が務め、ほかの団員はたいていが皇帝近衛隊中の種々の兵科に属していた。[原注(1)] 近衛隊砲兵（artilleur de la garde）や皇后竜騎兵（dragon de l'impératrice）が横浜の通りを金モールで飾られた大礼服で闊歩しているのを見るのはおもしろかった。彼ら紳士諸氏が美しい制服を愛するフランス軍の気風を包み隠したりせず、みすぼらしい日本人たちに立派な制服を見せびらかすことで、パリの並木道で歓楽に倦《う》みあきた連中に見せるのと同じ喜びを感じているらしいのが見てとれたからである。

　けれども間もなく、仕事にばかり時間をとられて、彼らは「漫歩欲」を思う存分満たせなくなってしまった。郊外の大きな兵舎に入り、やがてそこが窮屈になると江戸にある大君の巨大な御所に移った。あんまり大きくて一軍隊がまるごと訓練できるほどだった。日本語は知らなかったものの、日本人の部下となんとか意思を通じさせることのできる程度の言葉を短期間で覚え、何ヵ月も経たないうちにこれら日本人の部下中、かなりの人数の者を訓練・教育し、その者たちが助手となってさらに他の者たちを指導、新しい軍隊の中核を育てあげた。ちなみにフランスの士官が優秀とみなした生徒は、役人たち、あるいは武器の扱いになれていた日本人ではなかった。畑からまっすぐ引っぱってこられたような粗野で無教育な農民のうちに、士官たちはいちばんもの覚えが良く、実際面でもいちばん物わかりの良い生徒を見出したのだった。(2)

大君は機会あるごとにフランス政府に対する信頼を表明してきたが、同様にフランス政府の日本における代表者たちも、こと大君が関係する一件については、深い関心をもって対処していた。二月、大君の弟で十五歳になる民部大輔（昭武）がフランスの郵便船に乗ってヨーロッパへ発つために横浜に到着した。ヨーロッパで万国博覧会に出席したあと、パリに長期間滞在してさまざまな教育を受ける予定になっていた。王室〔将軍家〕のヨットに乗って埠頭に到着する旨が日本のその筋によって正式に発表されるや否や、わが提督とフランス公使は歓迎の挨拶を述べるべく直ちにそのヨットに向かった。お伴として私もその訪問に同行、蒸気船ヨットの階下にあった美しいサロンに案内された。そこでは、長いテーブルの端に民部大輔が座っており、われわれに席を勧めてくれた。若君の日本的特徴がはなはだしい顔は、われわれ西洋人の美的感覚に訴えるには程遠かった。高位にあることを示して白い着物を三枚重ねているのが胸元に見え、その上に紫色のすばらしい上着をつけていた。けれども若君の衣装でいちばん目についたのはそのズボン〔袴〕で、厚くて赤い絹地に金糸をあしらってあり、非常にゆったりしていてスカートのようだった。帯には小刀〔脇差〕をさしており、大刀は若君の頭の後ろで太刀持ちが突き立てて持っていた。この若者が西欧人と同席するのはこれが生まれて初めて、気恥ずかしさも並大抵ではなさそうで、われわれの訪問中ずっと、棒のように身を固くして座って動かず、テーブルから視線を上げようとしなかった。公使が短い挨拶を送ると通詞がひざまずいたままでそれを通訳し、それに答えて若君は、胸元から取り出した紙片に書きつけてあった何行かを、つっかえつっかえ読みあげた。[(3)] そのあとで社交の会話に移ったが、若君の側からは、何をいっても一語の答えしか返ってこなかった。お茶、パイプ〔煙管〕、煙草が出され、それで訪問は終わった。

二、三時間後、われわれの訪問に答えて、今度は若君がフリゲート艦を訪れてきた。ゴロージョー〔御老中〕[原注(2)]、ブンジョー〔奉行〕[原注(3)]、役人等、大勢のお伴がつきそってくる。若君の身分に敬意を表して、乗組員一同桁に乗り、祝砲を二十一撃った。それにはただちに神奈川にある日本の砲台から返事が返ってきた。若君は美しいフリゲート艦を興味深げに見学、訪問も終わりに近づいたころには、ぎこちなさはすでに消失していた。お伴の中にはほかの著名人に交じって、日本の海軍大臣〔総裁〕で洋服を着た青年もいた[4]。洋服は日本の服ほど美しくなく、日本人が着ると珍奇で不様《ぶざま》な外観を与え、動きも普段とちがって、ぎくしゃくしたものになってしまう。夕方、フランス公使は西洋と日本の権威者の面々を集めて陽気な国際晩餐会を催し、次の日、若君民部大輔はフランスの郵便船で出発、この高貴な乗客の栄誉を称えて日章旗が大檣楼に掲げられた[5]。

大君にウエサマ〔上様、慶喜〕が就任して以来、上様は、西洋人に対して日頃とっている友好的な態度を正式に表明するため、西洋各国の公使、提督を全員招いて、目下のところ国政の中心がおかれている大坂において儀礼的な集会を開く予定でいるらしいとの噂がずっと流されていた。ラ・ゲリエール号上ではこの噂が実現されるのを首を長くして待っていた。そうすれば、日本の第二の都、いまだに西洋人に開港されていない町〔大坂〕を訪ねることができ、同時に大君本人を包んでいた秘密のヴェールをはぎとることができるからである。大君の人物像は謎に包まれていて、外国人の多くは、そのような人間が存在していることさえ疑っていたほどだった。けれども、われわれの期待は長いこと裏切られ続けてきた。ひとつには不安な政治状況が原因だったが、一八六七年初頭にミカドが死去したことも理由のひとつになっていた(6)。厳格な日本の儀礼にのっとって、何ヵ月にもわたる朝廷葬が実施され、その期間中、大君のもとで饗宴をともなった会合を開催することは不可能だった。だから二月の末にフランス公使が、ミカド崩御ののちは大坂とその近くの聖なる首府京都と原注(4)に交互に滞在していた大君に、フリゲート艦に乗って大坂へおもむいて謁見を求める意向のあることを耳にしたときは真実驚き、かつ大喜びしたものだった。公使の決定は極秘にされていたが、それにもかかわらず、公使の御者がうっかり国の機密をもらしてしまい、おかげでたちまちのうちに広まった。御者の情報が正しかったことは、二月二十七日、提督が出帆準備の命令を下したことで証明された。

航海の最初の目的地は兵庫だった。大坂からほんの数〔デンマーク〕マイルの海港である。内海〔瀬戸内海〕の東北にあり、細長い島淡路《あわじ》によって閉じられて広い内海のほかの部分から隔てられ、和泉灘《いずみなだ》あるいは大坂湾という名で呼ばれているところに位置する。南の方で淡路海峡〔紀淡海峡〕が大坂湾を幅広い紀伊水道につないでいる。前述したように紀伊水道は、その南で内海を太平洋に結ぶ水道のひとつである。

三月一日早朝、フランス公使レオン・ロッシュが乗船。公使館付の秘書、日本人通訳、フランス公使館が日本政府と政治交渉をする際によく交渉相手になっていたブンジョー〔奉行〕のひとりも同行した。三十分後、煙を上げて全速で浦賀水道を出る。海岸線が初春の新緑に美しくおおわれていた。雲ひとつない青空に黒い煙の柱を陽気に噴き上げている火山〔大島三原山〕の北を通過、進路を風の強い大島岬〔和歌山県串本沖〕にとる。この岬は、いつもに劣らぬ厳しさでわれわれを迎えた。翌日〔三月二日〕、いつもの北風が吹いて十一、二マイルの速度で岬を通過するのに役立ったとはいえ、紀伊水道に入るやただちに海岸に近づいて風を避けた。夕方になって幅が一マイルほどしかない淡路海峡を通過、淡路島側の突端二ヵ所と小さな島タマンガイシマ〔友ヶ島〕にはどこかの大名が大砲を装備し、戦時にこの重要な水路を閉鎖できるようにしてあった。静かな星空の下、鏡のような大坂湾をゆっくり滑っていくと、航跡は幅広く尾を引いて、燐光《りんこう》で火の海のように輝いていた。次の日〔三月三日〕の朝、兵庫の埠頭で無事に錨を下ろす。

兵庫は大坂の港とみなすことができる。大坂は狭くて浅い河を一マイルほど上ったところにあり、波止場も風をよけるものが何もないまったく平坦な土地にあるため、ジャンク船ほかの船の荷揚げ荷下ろしを困難にしている。その点兵庫はあらゆる方角の風から完全に風下に入ることができ、水深も深いため、いちばん大きなジャンク船も陸のすぐ近くに投錨できる。底の深いわれわれのフリゲート艦ですら、海岸からほんの少し太索《ふとづな》を伸ばした距離のところにつけることができた。埠頭は荷物を積み込んだり下ろしたりの何百ものジャンク船であふれており、また、淡路島の北で大坂湾を〔瀬戸〕内海の西の部分とつないでいる狭い海峡〔明石海峡〕を抜けて、帆をいっぱいに張ったジャンク船が次から次へと入ってきていた。どれも大量の荷を積み、乗組員も大勢で、時によってはさまざまな旗や緑の枝で飾ってあることもある。きれいに着飾った日本人を乗せた船もあって、何かのお祝いか、音楽をかき鳴らし、歌声も高らかに埠頭の周辺を何度もまわっていた。

日本のジャンク船は本当に絵のように美しい。船尾は盛り上がって高い砲郭のような形を成し、そこに舵取りが陣取って、船の全長の三分の一もの長さの重い舵を取る。砲郭部の両側には見張り廊下のような展望台があって水中に突き出ており、その甲板の下に船長と乗組員の寝室がある。ジャンク船の中央部はあいていて、そこに積荷をのせる。そこには普通、わらぶき屋根や竹で作った簡単な小屋があって陽の光や雨をしのげるようになっている。舳先は水面から数フィートほどしか出ていない。そこには大胆な彫刻がほどこされていて、いちばん先に綱を飾り房にした巨大な雑巾ぼうきのようなものが必ず垂れ下がっている。ジャンク船は平底で、底そのものはあまり深くない。水中深く沈められるとてつもなく大きな舵は、引き潮のために河や海岸近くで底が地につきそうな場合、傷がつかないよう、車地《しゃち》を使って、斜めの位置に持ち上げられるようになっている。比較的大きな帆柱は四角で、これもまた四角の帆を張る。帆布はふつう縫い合わされておらず、細い綱で交互にゆるく皺を寄せて重ねてあるだけで、そのすき間を風が通り抜けられるようになっている。それぞれの帆布の下部からは甲板まで細い綱が垂れていて、操桁索《そうこうさく》とともに帆を操作するのに使われる。帆を小さくしようと思ったら帆桁《ほげた》を少し下げ、細綱をたぐるだけで縮帆《しゅくはん》ができる。大規模な日本のジャンク船もみなこれとまったく同じ要領で建造されている。船体の水面上に出る部分にタールや塗料を塗ったりすることはなくて白木のままで、模造の金属装飾品で飾られている。船尾の高い旗竿《はたざお》には船名と持ち主の名前を太字で書いた看板がかかっている。

これら特徴ある船に交じって、大君の蒸気軍艦、といってももともとは西洋の商船だったものだが、それが二隻、今は日章旗を船尾の肘材《ちゅうざい》〔ブラケット〕に、大檣楼には大君の、白・黒・白の縞模様が水平に入った旗を掲げていた。しかしそれも、昔の海戦を描いた絵に見られるような老朽帆船ほどにはわれわれの目を惹かなかった。その老朽船の船尾には塔がつけられ、とてつもなく大きい砲門は荷を積んだ馬車が一台やすやすと通れるぐらいで、おまけに重い両開きの扉がついていた。檣楼は舞踏場として使えるほど、檣頭《しょうとう》の横材には本物の檣楼籠がついていた。聞くところによれば、この船は非常に古く、ある海岸に漂着した西洋の船を模範にして日本人が建造したものだとか。

われわれの到着で波止場は大騒ぎになった。あっという間に無数の三板《サンパン》に囲まれてしまう。男もいれば女子供もいる。みんな好奇心に満ちた目でフリゲート艦を見つめ、笑ったり冗談を飛ばしたりしながら評し合っていた。町の知事〔町奉行〕の代理が来て提督に挨拶し、当然のことながらわれわれの航海の目的をたずねてきた。そこで当方の日本人外交官〔奉行〕を陸に送り、公使の来着を報告、合わせてわれわれが問題なく上陸できるよう、下準備をすることになった。兵庫も大坂もその時点ではまだ西洋人に開港されていなかったことを思い出していただきたい。一八六五年に列強の連合艦隊が兵庫を訪れた折、無知で興奮した住民に士官たちが罵言と石つぶてで迎えられ、非常に不愉快な事件にまで発展したエピソードさえあったくらいで、今回はそんな目に遭わずにすませたかった。

兵庫の北と南で低い砂地の岬が海に突き出ていて、その先端には花崗岩《かこうがん》で築いた円形の要塞があり、そこの大砲が波止場とその背景に広がる町に君臨していた。南の要塞は小さな森の近くにあり、葉の多い木々が大きな寺と町はずれの小さな漁村に影を投げかけていた。この辺りには一〔デンマーク〕マイルほど浜辺が続き、それがゆっくりと高まって背後の裸で石の多い尾根に連なっている。山並みはこの付近では海岸線に沿って東西に走っているが、もう少し東へ行った所で内陸の方へ折れ、広くて肥沃な大坂平野に席をゆずっている。海から見た兵庫はあまり素晴らしくない。家々がみな裏側を海の方に向けている感じで、住民たちはまだ防波堤や突堤を造る必要を感じていないようである。それでも建造中のジャンク船が何隻も砂浜にあって、おびただしい量の材木が、当地が重要な造船地であることを物語っていた。

　正午近く、町の知事が艦上に現われて、提督と公使、それにその随員を上陸させるべく招待に来た。浜辺には役人が何人もおり、かなりの数の騎兵や歩兵が整列していた。これらの部隊に前後からはさまれて、われわれは町に入った。通りの随所で兵隊が人垣[7]をつくり、もの見好きな大衆が押し寄せないようにしていた。けれどもみんなおとなしく、子供たちは制服を見て歓声をあげ、ムスメたちは例のごとく人の背後に隠れ、男たちの視線も善意の好奇心しか現わしていなかった。兵庫はかなり大きかったが、〔西洋の〕一部の著者が推測していたような多数の人口を擁しているとは全然思えず、おそらく多くて三、四万といったところであろう。[8] 通りは稀にみる清潔さで際立っていた。家々の多くは焦茶のきつい色をしており、古さを物語っていた。大きな寺がいくつもあり、石塀板塀で囲まれたゆったりと広い私邸もたくさん見受けられた。塀につけられた両開きの門を入っていくと砂利の敷かれた広場があり、それが建物の堂々とした表玄関の前まで広がっていた。知事の邸宅へ着き、大きな部屋をいくつも抜けて広間に出た。開け広げた窓からは、小さな石の塔（灯籠）、石像、人工の滝など、多様に飾られた小さな庭が見渡せた。二フィートほどの高さのベンチに柔らかい絹のクッション〔座布団〕をおいたのが二列並べられ、そこにかけて主人の勧める果物、お茶、煙草のもてなしを受けた。その部屋には例によって竹のマット〔畳〕が敷かれ、襖には草木鳥獣が見事に描いてあった。また奥まった所には植木鉢に入れられた美しい草花（生花か）が小さな仏壇にからみつき、その上にはたくさんの供物《くもつ》に囲まれて仏像が安置されていた。

　主人のもてなしを十二分に満喫してからセイオノラ〔さようなら〕をし、その家をあとにしたが、相変わらず役人と一小隊に護衛されたまま、人通りの多い道を通っていった。主に商人が住む通りだったが、日本で通常外国人の目を引く品物はあまり店においてなかった。町はずれに達し、両側を樹齢百年を超す木々で囲まれた干上がった砂地の河床を越え、やがて開けた土地に出た。人工の溝や池で灌漑され、非常に肥沃なのがひと目でわかる平地が町から山の麓まで広がっていた。耕作されていない土地はひとつもなく、目に映るのは水田、麦畑と綿の栽培地ばかり、その間に村落、農家が散在して生彩を加えていた。住人はみな畑で働いており、通り過ぎるわれわれに好意的な挨拶を送ってよこした。娘たちの赤味を帯びた顔とふくらんだ頬、男たちのがっしりした身体に、健康と満足が読み取れた。われわれの足の向く先は、神聖なる森と、円形状に広がってその白壁の家々がキヅタにおおわれた村とに囲まれた、山の中腹にある大きなお寺だった。(9) 山から早瀬が泡立ち飛沫をあげて流れ落ちてきて、途中で水車をいくつも動かしていた。

幅広く堂々とした石の階段がお寺に続いていた。正面の高い屋根ががっしりした柱でささえられ、その下に十人ほどの僧が並んで立っていた。みな長くて白いズボン〔袴〕をはいており、薄い紗の上着をつけていた。顔も頭もすっかり剃られていて、大無帽だった。寺の内部には、その規模と建築様式の単純さゆえに感心させられた。大きな広間の前半分の部分には誰でも入れたが、あとの半分は美しく装飾された木の柵で仕切ってあった。その中には神々、女神が鎮座しており、人の地上、天上の生活のさまざまな場面を描いた絵で飾ってあった。信者から贈られた高価な供物や山ほどの安ぴか物のせいで、そこは骨董屋の内部を思わせた。母屋の左に小さな寺が三、四あり、いろいろな神を祀ってあった。寺と寺の間には人や獣を象《かたど》った大きな石像、青銅の像が所せましと立てられており、大きな鐘が、簡略優美に建てられた鐘楼にかかっていた。また右側には美しい庭園の真ん中に僧房が建っていた。おきまりのお茶を出されて、その建物の広々としたベランダに腰をおろした。そこからは惚れぼれさせられるような景観が見渡せた。足もとに広がる緑の広野、兵庫の町と活気のある埠頭、その後方の大坂湾には目の届く限りかすかに白波を立てている青々とした平面が広がり、陽の光に白い帆を輝かせたジャンク船や漁船が点在していた。

日本の僧房は大きくて設備の良い建物である。通常のお寺のすぐ脇に建てられ、数多くの僧とその下僕の住居にあてられている。敬虔なる神父〔僧〕たちは苦行したりすることはまずない。中世ヨーロッパの修道院と同様、僧房はしばしば旅人に宿を貸すことがあり、特に高位の貴族〔武士〕たちに利用される。昼間の旅がのんびりと進み、彼らに相応な茶屋（宿）、大勢のお伴の要求を満たせる茶屋の見つからないことがままあるが、そんなときに利用されるのである。付け加えておくこともないだろうが、僧の好意は高価な贈物をもって償われる。貧しい旅の者が豊かな者と同様の待遇を受けることがないのはいうまでもない。

強行軍の散歩の後、提督のもとで、日本側の権威者を招いての晩餐になった。客人と公使に、フランスの艦上パーティーがどんなものであるかを味わってもらうために、暦がおごそかに二日繰りあげられ、乗組員に「マルディ・グラ」(Mardi gras〔謝肉祭最後の日、肉食を許された火曜日〕)を祝う許可が下ろされた。これはフランスの戦艦上でいちばん陽気なお祭りである。正午に、乗組員たちが想像をたくましくして飾り立てた詰め物の大きな人形がマルディ・グラと呼ばれて大檣下桁の端に吊され、銃声、汽笛、乗組員の歓呼でもって祝福される。と同時にカーニバルの舞踊会が始まり、真夜中まで続けられるのである。ラ・ゲリエール号は、ふつうヨーロッパで見られる仮面舞踏会よりずっと素晴らしいものを催すことができた。乗組員は朝鮮から色彩豊かな絹の服、中国服、中世の鉄の鎧に兜、中国の帽子等々、分捕《ぶんど》り品をたくさんもって帰っていた。その他にも、このフリゲート艦にはよく訓練された役者の一団がいたので舞台衣装もよくそろっており、船が寄港したたくさんの町々で乗組員が演じた舞台を見にきてくれた御婦人方から寄付されたエレガントな衣類もそろえてあった。それでもまだ足りない分は、士官たちの私服や、フランス水兵の疲れを知らぬ発明心で補っていた。

旗と木の枝でフリゲート艦の後甲板が素晴らしいテントに早変わり、カンテラと即席のシャンデリアに火が灯り、色とりどりの舞踏会場が明るく照らし出されると、尾を引いたファンファーレが提督とその客人の到着を知らせた。仮装した連中が絵にかいたような行列をつくって並んだ先頭に、見事な腕前の鼓手《こしゅ》長が立ち、気取ったダンスのステップを踏みながら大きな指揮棒を宙に投げ上げては落ちてくるところをまたうまくつかむ。こうして全員で都合三回提督の前を通りすぎた。そこで仰々しい凱旋マーチが陽気なダンスのメロディーに変わると、甲冑は音を立ててぶつかり合い、御婦人方のスカートが高くまくられて、足の先が鼻の高さまで振りあげられた。するともうみんなが踊り出していた。二倍の配給のあったワインと高らかに鳴り響く音楽に頬を染め胸を高鳴らせて、渦を巻くようなカンカン踊りを取り囲んで踊り回る。このカンカン踊り、イギリス人が不幸にもその場に居合わせようものなら、どんなに気のおけない者だろうと、「ショッキング」と叫ばずにはいられなかったろう。日本人の客人はいずれも驚きあきれはて、あいた口がふさがらないといった様子だった。踊り狂っている連中はみな麻薬の影響下にあって、恍惚状態にあるにちがいない、と思ったまではいいが、婦人たちの振る舞いがきわめて浅薄だ、といい出すに至っては、この婦人たちが実は女性に属する者ではなく、仮装した見習兵たちだということをかれらに納得させるべく、確たる証拠を提出する必要に迫られてしまった。実際、われらの御婦人たちの衣装は生き生きと波打って魅惑的で、エレガントなクリノリン〔張入り〕のスカートもあればランピールドレス（robes â l'empire〔帝国ドレス〕）もある、髪型も、クワフール・ア・ラ・シェンヌ（Coiffure â la chienne〔犬に似た結髪〕）もあればア・ラ・ベル・エレーヌ（â la belle Hélêne〔麗しのヘレナ風〕）もあるといった具合だった。

陸の方で音楽を耳にし飾り灯を目にした役人が何人か、船までやってきて、お祭り騒ぎに加わっても良いかと許可を求めた。その場でふたつ返事の許可が与えられたものの、この役人たち、わが乗組員たちの度を超えた陽気さ加減までは計算に入れてなかったらしい。見事な眺めに圧倒され、ゆっくり我に返っている暇もなく、気がついてみるともうすでに、悲鳴をあげようが放歌しようがおかまいなしに、やさしい御婦人方の逞ましい腕に振りまわされていて、西洋のワルツに合わせてくるくる舞い踊らされるにつれて腰の刀も弧《き》を描き、草鞋《わらじ》も宙に飛び交った。知事もふくめて彼らの上司にあたる高官たちは、生まじめ尊大の最後のかけらもどこへやら、爆笑におぼれてとどまるところを知らなかった。かわいそうな被害者たちを陽気すぎるセイレーン〔魔女〕の優しき抱擁から解き放つためには、フランス人士官が間に割って入らざるを得なくなり、まだおもしろいうちに遊びをやめさせた。

原注

（1）たいていパリに駐屯している皇帝近衛隊は、陸軍の諸々の兵科を擁している。
（2）ゴロージョーとは閣僚会議の構成員をいう。
（3）ブンジョーは外交官のうち、日本政府と西洋公使の仲介人のような役割を務める者のこと。〔外国奉行のことであろう〕
（4）ミカドの居所。

訳注

（1）シャノワヌ大尉（Charles Sulpice Jules Chanoine, 一八三五―一九一五）を団長とする、いわゆる第一次フランス軍事顧問団。詳細は前掲書、篠原宏『陸軍創設史』を参照。
（2）近代軍隊の萌芽が幕府軍の内部にもあったことは注目しておいて良いだろう。
（3）間をおいてゆっくり読み上げたのがそう聞こえたのかも知れない。なお、この場で通訳をしたのは、昭武に同行した通弁御用、山内六三郎堤雲（一八三八―一九二三）だったにちがいない。
（4）海軍総裁は一八六六年十二月に設置されて老中格稲葉正巳（一八一五―七八）が兼任したが、稲葉正巳は当時満五十一歳だったので除外するとして、のちに副総裁となって海軍の実権を握る榎本武揚（一八三六―一九〇八）が新造艦開陽丸を指揮して横浜に到着するのが三月、まだこの時点では帰国していないので、この青年大臣〔総裁〕は軍艦奉行の木下利義かと思われるが、木下は生没年が未詳のため、軍艦奉行並の地位にあって当時三十一歳だった藤沢次謙（一八三五―八一）の可能性もある。
（5）フランス郵便船アルフェー号に乗った昭武一行の出発は二月十五日（旧暦一月十一日）である。ちなみにパリ万国博覧会は四月一日に開会された。

（6）孝明天皇は一月三十日（旧暦十二月二十五日）に没した。

（7）余談になるが、スエンソンはデンマーク語の文中にフランス語をまぜ、人垣を haie としている。デンマーク人とはいえ、多かれ少なかれフランス文化を通して日本文化に接したスエンソンを想起させる箇所であるので、特に記しておく。

（8）「一部の著者」のひとりリンダウは、前掲書第十五章で、兵庫の人口を十五万としている。

（9）再度山太竜寺か。

二　大坂訪問　日本の宗教

この「酒盛り」の次の日〔三月四日〕の朝早く、われわれは兵庫を後にして、三、四〔デンマーク〕マイル東にある大坂の波止場に移った。この辺の海底はだんだん浅瀬になっているので、大きな船の場合、イドガワ〔淀川〕の河口から三マイルほどのところで錨を下ろさなければならなかった。大坂はこの淀川べりにあるのである。波止場は南風と西風に開かれていて、風があるとかなりの波が立ち、陸から風が吹いてくるときでさえ、平地のために嵐をさえぎってくれるものが何もない。町は海岸からずっと離れているために海上からは見えない。晴天のときにだけ大君の要塞〔大坂城〕の白い壁と、町の高台に建てられた寺の大きな塔がやっと見えるくらいである。投錨地は決して美しいとはいえない。単色の水田が広がって、海岸線にまで達しており、木と呼べそうなものの一本とてない。そこここにある漁村も注目に価するものではなく、はるかかなたで大坂平野を取り囲んでいる山脈も、裸で寂漠としているために目をそらしたくなる。そばを通り過ぎるジャンク船と漁船のみが、その許し難いほどに退屈な場所に、わずかばかりの息吹を吹き込んでいた。

すでに前日のうちに兵庫の知事からわれわれの大坂到着を知らせてあったので、錨が海底に届くや否や、大勢を乗せた三板《サンパン》の一群が河口を滑り出てきて、われわれの方に向かってきた。われわれを上陸させるべく、政府〔幕府〕から遣わされてきたのである。けれどもわれわれは速くて乗り心地の好い自分たちのボートの方が良かった。そこで公使、提督とその幕僚はフリゲート艦のボートに乗り移り、蒸気機関付の小船に引っ張られて半時間あまりで河口に達した。河口は砂洲で遮《さえぎ》られており、唯一の狭い入口が一対の浮標でしるしてあった。海風の吹くときには砂洲を洗う波が非常に激しくなるため、その入口に入っていくことは命を危険にさらすことを意味していた。同じ年にアメリカのベル提督とその副官が乗組員ひとりとともに試みて、命を失ったのもそこだった。その日はしかし、無気力な自然を動かす風ひとつなく、何ものにも遮られずに砂洲を通過、河を守るために築かれた大きな堡塁の前を過ぎた。夜になると、そこの土手から提灯のほのかな灯りでもって出船、入船を導くのだった。

そこで上陸するよう役人が合図をしてよこした。もともと浅い河が干潮のためにいっそう浅くなっており、われわれがボートで先へ進むことは得策ではなかった。そこからは大君の立派な三板がわれわれを運んでくれることになっていた。この長くて平底の舟には、中央部に華奢《きゃしゃ》な木造の家〔屋形〕がついていて、高価な紫の縮緬が垂らしてあり、それには大君の家紋である三葉〔葵〕が織り込んであった。家〔屋形〕の後部には台所があって、清潔さに光り輝く中で日本人の料理人が鍋と湯沸かしの間で忙しそうに立ち働いていた。われわれは家〔屋形〕の床に敷いてあった臙脂《えんじ》の厚布〔座布団〕の上に席をとった。指揮をとっていた役人の合図で舟が動き出す。われわれの舟の両側には兵士を満載した三板が二艘縛りつけてあり、三艘目が前方に縛ってあった。やがて微風が立ってくると帆が上げられ、こうして引っ張られながら、滑るように川を上っていった。両側の堤でも二小隊の兵士が護衛にあたり、駆け足でわれわれについてきた。話し声も高くて目立ちやすい水上の客人を見に集まってくる群集を遠ざけるのがその役目だった。

河はたいてい一、二鏈《れん》〔約二百―四百メートル〕の幅で、左右の随所で支流が分かれていた。両岸が低いため、庭園のように見事に耕やされている肥沃な平野を見渡すことができた。木々に囲まれた農家や小さな寺が、流れゆく河の水面《みなも》のそこここに映されていた。また税関では、あぐらをかいた眠そうな役人たちが、通り過ぎるジャンク船にものうい声で呼びかけて、その名前と行く先、積荷の種類をくわえ煙草で聞き出していた。半時間ほど行くと、辺りの様子から町に近づいているのがわかった。大きなジャンク船が何百も、舟から舟へ乗り移れそうなくらいぎっしり固まって両岸をふさいでおり、真ん中に細い隙間が一本残っているだけで、そこにもたくさんの三板、艀《はしけ》、小舟が行き来しており、もしも大君の旗が帆柱にはためいていなかったなら、そして先頭の三板に乗った役人たちがほかの船の者たちにうやうやしく、しかも速《すみ》やかに場所をあけるよう大声を張り上げて怒鳴らなかったら、われわれの脆弱《ぜいじゃく》なる流れる家〔屋形舟〕は、何度も何度も押しつぶされていたことだろう。

河の両岸にはだんだん人家が増え、やがて、家並みばかりがぎっしり続くようになる。けれどもところどころ荷の積み下ろし場所が家並みを遮っていて、そこでは幅の広い石の階段が、家々の向こう側に走っている通りまで続いていた。家はほとんどが二階建の細長い建物で、露台が水の上に突き出ていて、ほかの日本の家屋同様、障子と窓がたくさんついていた。一階には扉があって階段がついており、河まで下りられるようになっていて、ヴェニスのゴンドラと同じく、三板を直《じか》に家に着けることができた。河床《かしよう》に打ち込まれた杭《くい》に支えられ、長い橋がいくつか、弧を描いて両岸をつないでいた。曳《ひ》き舟《ふね》の三板はそのような橋に近づくたびに帆柱を下げ、橋の反対側でまたあげた。旋回橋、はね橋の類は知られていないようだった。大きさも材料もコペンハーゲンのランゲブロ〔長橋〕とだいたい同じと見て良いこれらの橋の上では、無数の人間が波打っていた。けれども、われわれがその下を通り抜ける間、石やらゴミやらをわれわれの頭上に落としたりすることのないよう、武装した役人が押しもどしていた。何千という人々が露台や家の前はおろか、橋の上でも足の踏み場がないほど集まっていたにもかかわらず、幸い役人が恐れていたようなことは起こらなかった。どのジャンク船も三板も、われわれをひと目見ようと集まった男女を大勢乗せて沈みはしないかと思われたぐらいだったが、あきれはてるほどの叫び声や騒がしい音を立てて、私にはそれが歓呼なのか怒りなのか、あるいはまた単なる好奇心の表われに過ぎなかったのか、知る由もなかった。小さな家〔屋形〕に足を伸ばして座り、この活気あふれる光景と、給仕にあたっていた役人がひっきりなしに勧める香ばしいお茶、カステラ、果物の類を満喫した。興味深そうにわれわれを眺めている着飾った娘の方に双眼鏡を向けたりすると、群集の歓呼はとどまる所を知らなかった。われわれの動作を猿真似して、全員が結んだ手を目の所にあてがい、よっぽどおかしかったのだろう、高笑いが起こった。

同じ光景、相変わらずの場面を一時間あまりも見せられて、活気こそあれ、そろそろ見飽きはじめていたところ、正午近くに貴族〔武士〕の住む上町地域に達してほっとした。この辺りは河の両岸が木の植えられた美しい石垣に変わっていた。市民の木造の家が大名たちの立派なヤマシク〔屋敷〕原注(1)にとって代わられ、その長く低い回廊中唯一の入口、家主の紋で飾られ、金星がはめ込まれた大きな門が、河に向かって立っていた。幅広く美しい石の階段が河まで下り、水中に打ち込まれた杭の間には領主のボートがつないである。天候の影響を受けることのないよう、黒塗りの小屋に入れてあり、遠くから見るとばかでかい棺のようだった。河底がだんだん浅くなっているため、大きなジャンク船はここまで上ってこられない。われわれの乗っていた軽い三板ですら、引潮のためにあちこちで露になっていた砂洲の間を浅瀬に乗り上げずに縫っていくのは骨が折れた。長い竿を河床にさして用心深く進んでいくよりほかになく、ほんの少しずつしか前進できなかった。幸い目的地は近かった。眼前に大君の城の白い漆喰《しっくい》塗りの壁が、周囲の木々の緑から浮かび上がっていた。十本目の橋を数えると、それが最後にくぐる橋だと教えられ、やがて城の壁の下に舟をつける。そこでは微笑んだりお辞儀をしたりしている役人の一団と護衛の兵士が迎えに出ていた。

木の茂った坂道を上がっていくと城の前の大きな広場に出た。幅の広い深い堀に沿っていく。その向こう岸は巨大な花崗岩の石垣でその上に塀が続いており、堅牢な塔には砲門と銃眼がしつらえられて、われわれを脅かすようにしてそそり立っていた。すべてが大規模な中世の城そっくりだったため石垣に石弓がなく、甲冑を着けた戦士のいないのが不思議に思われたほどだった。何もかもが死んだようにひっそりしていた。堂々たる木橋を警護する歩哨さえいなかった。木橋はこちら側からの唯一の入口で、重々しい鉄板が張られ、寺の塔のような形をした建物に守られた門に続いていた。門は鎖ざされており、その奥にある大君の邸宅をわれわれの探るような視線から守っていた。その大君だが、京都の朝廷に出かけていて留守とのことだった。

われわれは町の東の外れに達していた。が、残念ながらひとまず城を後にして、随伴の者に案内されてかなり見すぼらしい地区に入っていった。木造の大きなバラックがあり、大勢の兵隊の宿舎にあてられているようだった。兵隊とはいっても、そのおとなしくうやうやしい態度から、すぐに政府〔幕府〕軍の兵隊だとわかった。二、三分ののち、長い平屋の木造建築の前に立った。蝶番《ちょうつがい》がきしりをあげながら折り戸が開き、日本人の儀仗兵《ぎじょうへい》がささげ銃《つつ》をした。石畳の中庭に入ると、その向こうの端にわれわれの宿舎があった。ブンジョー〔奉行〕がふたりわれわれを迎えに出て、大君と老中の名において、公使と提督を歓迎する辞を述べた。日本式の部屋の中は調度品がよくそろえてあり、至る所にきれいな畳が敷かれ、金箔を張った襖、素晴らしい木彫品があった。いくつあるのか数も知れない部屋と複雑な廊下が建物の内部の各所を連絡しており、すっかり迷ってしまった。建物そのものは、たいへん不規則に建てられた平屋で、地面から一アーレン〔約六十センチ〕ほど高くしてあり、随所で吹き抜けの柱廊に囲まれていた。柱廊は砂利の敷かれた小さな庭に面しており、夜には木製の雨戸が閉じられる。雨戸は昼間は引き開けて、柱廊を仕切っている紙を張った普通の引き戸〔障子〕を通して部屋に採光できるようになっている。二、三の部屋は西洋式に家具がしつらえてあり、トルコの絨毯、椅子、机、鏡があった。公使の訪問がこんなに早くなろうとは思ってもおらず、あわてて準備したゆえにさぞ不足なものもあろうと、ブンジョー〔奉行〕たちは申し訳の限りをつくした。けれども、そこは予想以上に快適だった。彼らはまた、大君が京都よりもどるのは一週間ほどしてから、その代わり、一週間経てば謁見を妨げるものは何もないと告げた。しかし、次の郵便蒸気船で届く重要な急送公文書を待っていた提督には、一週間の滞在は長すぎた。そこで、フリゲート艦はいったん横浜へもどって手紙を受け取る。状況が許すならば、公使を迎えにふたたび大坂へ舞いもどってくる。そうするのが無理な場合は、帰路は、海路より興味深いとはいえかなり厳しい陸路を選ぶ、というように決められた。

この決定はわれわれを非常に落胆させたが、ともかく今回は短期間のうちにできるだけ多くを見聞しておこうと思い、次の訪問の際には町を知るべくより良い機会が与えられますようにと願うほかなかった。そこでまず、町の貴族〔武士〕たちの住む界《かい》隈《わい》に出かけることにした。そこは高台にあるため、他の区域も一望できた。しかしそこだけでも、半〔デンマーク〕マイル余にわたるところに寺院塔頭ばかりがずらりと立ち並んでいた。鬱蒼とした森、広々とした墓地に囲まれて、これら聖なる建造物は神秘的な静けさにしずまり、ほんの時折、信者の祈りの声に遮られるだけであった。少なくともわれわれは、そこを訪れる者をたくさん見かけることはついぞなかった。死んだ偶像と剃髪《ていはつ》した僧侶はこの荘厳なる場所の専横者であり、われわれがその聖域を訪れることで汚すようなことがあると、かなり不穏な目つきでにらみつけてくることがあった。町で最大の寺にはさまざまな種類の小さな寺がいくつもあって、偶像あり、動物の像ありで、寺自体がひとつの町のようだった(1)。周囲の祈禱所《きとうしょ》に囲まれて、港の投錨地から見えた塔が広場に立っていた。正面に十五アーレン〔約九メートル〕もあろうと思われる像二体〔仁王像〕が飾られていて、恐ろしい表情をして鉄の甲冑に身を固めた戦士を象《かたど》り、そこが広場への入口になっていた。塔は五重になっていて、さらに高く鋸状《のこぎりじょう》の尖塔〔相輪〕が続いており、細部に至るまで見事に仕上げられた木造建築で、その暗い色、虫に喰われた外観、ほとんど剝げ落ちてしまっている赤や緑の塗料から、何世紀も経っている古い建物だとわかった。上辺が弧を描いている戸をくぐり抜けて最下層の階に入ると、高い壇の上に周囲のものとは不均衡に小さな仏像が安置されていて、見過ごしてしまいそうだった。危険きわまる急な螺旋階段を上っていき、しんどい思いをしてやっと塔の頂上に達すると、そこからは町一帯、大坂平野の全容を見渡すことができた。

大坂は莫大な面積の平地にあり、推測されている人口数の八十万を優に擁していると思われた。町を貫流する河によって三つの部分に分けられる。広大な南部、小規模な北部とかなり大きな中部で、中部は河中の細長く平らな島〔中之島〕から成っている。前二者には多数の運河が縦横無尽に走り、町の幹線道路の役割を果たしているといっても過言ではない。運河によって分けられた無数の小島は、百八十二にも及ぶ大小さまざまな橋によって結ばれている。交通が頻繁な河や運河のそばには、主として商業や手工業を営む住民が住居を構えている。一点の土地たりとも利用されていない所はなく、家々はひしめき合い、道も狭く、ほとんど通行不可能である。それにひきかえ町の周辺部には、未使用の広大な地域が広がっており、庭園や森に囲まれた大君の城、大名のヤマシク〔屋敷〕や兵舎がある。町を取り巻く大坂平野は三方で裸の山並みに区切られ、四辺目が開けて大坂湾に続き、そこには錨を下ろしたフリゲート艦や日本の軍艦が見えた。大坂平野は広間の床のように平らで隈なく耕されているので、絵に描いたように美しいとはいいがたい。町のすぐ周縁部に限って、住民の美的感覚が繁茂する木々になって表現されており、そちこちの森が、薄緑の水田の退屈な単調さを断ち切っていた。大坂の北東五、六〔デンマーク〕マイルのところにミカドの首府、京都があるが、山脈に遮られているからであろう、いくら目をこらしてみても、過去二百年余、西洋人がいまだ足を踏み入れたことのないこの聖なる都を見つけることはできなかった。

日本の町のパノラマに感心することはまずない。かなりの高さまで抜き出ている建物がほとんどないためであり、われわれがのぼった塔も、私が日本で見たいちばん高い建物で、この国の名所のひとつに数えられている。頻繁に起こる激しい地震が日本建築に厳しい制限を加えており、形と大きさのみに限らず、材料の選択にまで影響を及ぼしている。石は地面の震動に耐え得るのに必要な柔軟性がないために、煉瓦や花崗岩の丸石を目的に適《かな》った用途に使えるのは、ごく低い建物に限られている。大きな建物にも木材を使わざるを得ず、高さもかなり制限しなければならない。そのため、日本の町はどれもみなほとんど木で作られているといって良く、概してあまり耐久力のないこの建築材が、寺や城など、長い年月や風雪に耐えるようにと目論《もくろ》んで建てられる建築物にも利用されているのである。建築術の方もその影響を受け、建物の構造の細かい部分に注意を集中することで真に芸術的な様式や趣味を発達させてきている。というわけで、特に寺の屋根に、日本の棟梁たちの才能と細心の注意が払われている。寺の屋根を仕上げるにあたって、彼らの発明の才、趣味、技術のすべてが注ぎ込まれるのである。外から見ると、これらの建物はほとんど屋根ばかりである。その優美な曲線と大胆な平面、屋根の骨組の巧妙な組み合わせとその芸術的な仕上げぶりとに感嘆するより先に、目の方が好奇心にとらわれて釘づけにされてしまう。ふたつ、あるいは三つの屋根の傾斜が一ヵ所に重なり合うこともあり、この巨大なおおいに、下に立つ建物はすっかり消失してしまう。しかし内側から見上げると、巨大な屋根の組み合わせの細部に視線が走り、ただもう感嘆するよりほかにない。趣味よく調和がとれていて、どこを見ても手入れがゆきとどいている。弧を描いた部分は普通がっしりした柱で支えられているが、時によって建築技師はそんな単純な支え方で逃げを打ったりせずに、垂木《たるき》等を巧妙に組み合わせ、おたがいに結び合わせることで、建物に必要な強度を与えている。その日われわれは大坂の珍しい建物ばかりを訪れたが、そのうちの大きな塔のひとつは、まさにそのようにして造ってあった。巨大な屋根は前面も後部も細い柱列〔側柱〕によって支えてあり、内部には広々とした空間が広がって、その大きさと高さ、その高雅な様式と天井の軽やかで優美な造り方には、ほとほと感心させられたものだ。聖なる建物に勝手に住みついてしまうのを常とする鳥たちが、ここの天井の芸術的な彫刻のほどこされた肘木《ひじき》類に巣でも作って汚したりすることのないように、内部からも外部からも目の細かい金網が張ってあり、外観をそこなうことなく目的を果たしていた。

もうひとつ、建築術中で日本人の愛好するのが、立派なお寺ならどこでも入口を飾っている凱旋門〔鳥居〕や正門、鐘楼の建造である。前者は、街道脇とか森の中とかどんな見すぼらしい祈禱所の前にもあり、木か石の単純な門でできていて、凱旋門というより絞首台に似ている。しかし、大きな寺の前にあるのはもっとしっかり造ってあり、鐘楼ともども日本建築の完璧な模範になっているといえる。部分部分の寸法がことごとくおたがいと釣り合いを保っており、日本芸術一般を見事に特徴づけている細部の繊細と堅実さとでもって仕上げられているからである。

日本の数多くの聖職者、十五万にも及ぶといわれている寺社を見るにつけ、少なくとも外見上はほんとうの宗教心からは程遠そうな日本人が、自らの信仰に目に見える外形を与えるべく多大な寄進をしたりするのはいったい何によるものなのか、と疑問を抱かざるを得ない。が、ただ目に入るものばかりを見ていてもこの疑問を解くには役立たずである。なぜなら、目に触れるものは高貴なる簡明さばかり、そして心に触れるものは祈りにふさわしいように保たれている厳粛なる静謐《せいひつ》ばかりという寺社のすぐ脇で、せり売り場を思わせる内装の建物に出くわすからである。(2) そこでは信仰がもっとも粗雑な形をとって嫌悪をもよおさせるような神〔仏〕像、動物の像となって展示されており、蠟人形館や動物園に持っていった方がいいと思われるほどだ。日本人は、無知によるのか無関心によるものか、自らの宗教についてあまり情報を与えたがらない。したがってわれわれの知るところはほとんど、まだ国が鎖ざされていたころ、適当な期間をおいて出島から江戸まで旅することを許されていたオランダ人の旅行者〔江戸参府のオランダ人〕の語るところによっている。なお、この点については再度、後述の予定。このようにしてもたらされた情報ですら不充分きわまりなく、時によっては矛盾しているので、以下、ごく簡単にその概要だけをたどっておくことにする。(3)

日本の諸々の宗教のうち、もっとも古いのが神道である。その始源は、時の流れをはるかにさかのぼったかなたで消失しており、公式には国家宗教とされているものの、のちに導入されたブッディズム〔仏教〕よりはるかに信者の数が少ない。神道は太陽の女神〔天照大神《あまてらすおおみかみ》〕を最初の神と認めている。この女神から一連の男神女神が系統を引き、その中でミカドだけが地上の家系を存続繁栄させることができて、目下のところ神性の代表者、日本宗教の頭となっている。その点ミカドの地位と役割は法王と比較できるが、日本の国家宗教とカトリシズムとの外見上の共通点は、その一点にとどまらない。カトリシズムに聖人があるように、神道にも半神がいて、カミという名のもとに多数の信者が信ずるところになっている。そればかりではない。そのカミがこの宗教に名さえあたえているのである。神道とは「カミの教え」の中国語訳が転化したものにほかならない。何千にも及ぶカミのうち、神の系統を引くものは少数であるが、それに反して、大部分のカミは人間で、その敬神や聖なる一生により、あるいはまたほかの優れた資質のおかげで国家より感謝されるべき功績をあげて、死後、半神の高みにまで引き上げられた人たちである。ミカドがかれらを半神の列に加え、その栄誉を称えてミア〔宮〕という名の社を建てる。しかしそれが偶像崇拝をもたらすことがないのは、カトリシズムの聖人同様、人間と天上界の神との間に立つ一種の仲介人としか見做されないからである。したがってミア〔宮〕は普通、ごく簡素に作られている。そこにはうす気味悪い神〔仏〕像も悪趣味な飾りもなく、あってもその社に祀られている神の像だけで、その頭はたいてい聖人の後光のようなものに囲まれている。背後に吊された光り輝く金属の鏡は、神を呼び出すときに必要とされる清浄な心の象徴である。魂の不滅の教えを尊び、善者にはその死後、神の天国で住処《すみか》が与えられ、悪者は地獄に堕《お》ちる。無垢で清潔な行為のほかに、たびたび巡礼を行なうことが救いを受ける手段のひとつになっている。巡礼者の徒歩旅行の目的地はほとんどが神社や聖地であり、前述した富士山もそのひとつである。

仏教は紀元六世紀の半ばに日本にもたらされるやたちまちのうちに非常な普及を見せ、特に社会の下層階級の間で著しかった。そして時代が下るにつれ、元来の教えは諸々の宗派に分岐してしまった。千三百年以上にわたって日本人の魂を一緒に支配してきた仏教と神道は相互に影響を与え合い、信条の一部と宗教的慣習とを共有しているが、その実際を明確にすることはたいへん困難である。仏教の祈禱所をテラ〔寺〕といい、仏像あるいは動物の像で飾られている。ちなみに動物像は、仏陀の魂が現世でお伽のような旅をする際に地上でとる仮の姿である。寺の内外でわれわれはよく、信仰の対象になっている牛や亀、鳥など無数の動物の図を見かけた。大坂の人里離れて半分朽ちかけていたある寺で、猿の絵をたくさん見つけたこともある。その入口には例になく醜い猿が二匹檻に入れられていて、朝から晩まで大勢の人が僧から買った菓子を餌にしてやっては信心をしていた。日本の寺を全部訪れれば、きっと〔この国に〕存在するすべての動物が絵にされているのが知れるだろう。しかし全部が全部信仰されているわけではない。たとえば狐はその狡智さゆえに悪魔の化身と見做され、一般に恐れられている。信仰の対象は自然界の動物に限ったわけではなく、手足が六

―八本もある動物の絵をおいてある寺もいくつかある。概して神〔仏〕の数は莫大である。日本でいちばん聖なる町の京都にはもちろんおびただしい数の寺があるが、そのうちのひとつの名を「サンマン　サンシン　サンビャッ　サンジン　サイタイ」、つまり「三万三千三百三十三体の神の寺」といい、それぞれ一個ずつの像が安置されている。死後に魂が移るという信仰〔輪廻思想〕は仏教の教条中もっとも威厳のあるもののひとつなので、その信奉者は動物の血を流すことを禁じられている。仕事の上でやむを得ずそうする者は不浄とみなされ、手を触れるべきでないとされる。肉をたしなむのはもちろん良い行為とは思われていないが、当然のことながらこれは、ずっと昔から宗教的な理由で肉食を厳しく避けてきたにちがいないにしろ、すっかり禁じるわけにもいかない。

　ここにあげた二宗教の最高権威としてミカドが君臨する。ミカドは神道ではまさに神格化され、神として拝まれているが、仏教の方でも、さまざまな条件により修正をほどこされた宗派では、少し位は落ちるが、一応神としての威厳をミカドに与えている。京都におけるミカドの閉ざされた生活については、外国人のみならず日本人にさえいまだにヴェールをかぶされたままで、朝廷の最高位にある官吏だけが神々しいミカドに近寄ることができる。[原注(2)] 私が話したことのある教養ある階層の日本人は、神秘的な存在としてのミカドは民衆の空想の中にしかないこと、自らの行為に合法性を与え、政府の施策を尊敬させる目的で大君が掲げたおどし絵でしかないことを、半分も理解できなかったようだ。ちなみに大君は、日本の非常に古い憲法〔律令〕によればミカドの統治官にすぎず、すべての点でミカドの命令に服すべきことになっていた。ここ数年、自ら政府の手綱に手を触れていることを見ても、(4)ミカドが実在するのは疑いようもないが、その生活ぶりは、まだまだいろいろな点で謎めいているのも確かである。聞くところによれば、ミカドは京都にある宏大な社〔御所〕に閉じ込められて住んでおり、ダイリ〔内裏〕と呼ばれる朝廷に囲まれ、そこの官吏は、国内の政治問題にはなんの影響も与え得ないにしろ、非常に高い地位を占めており、そのうちの何人かは〔位の上では〕大君の上司でさえあるという。ミカドのいちばん重要な仕事が太陽の女神〔天照大神〕直系の神々しい一族を殖やすことにあることから、十二人の正室と多数の側室を与えられており、全員、外部との接触をいっさい絶たれている。ミカド自身、社〔御所〕の外に出ることはなく、一年のうちの何日か、選ばれた者たち数人に、姿を見られないように閉ざした部屋から足を外に出してキスさせるだけである。ミカドの身体は聖なること限りなく、公式には誰ひとり髪の毛一本さわってはならないことになっている。したがって、髪や爪を切らなければならないときには、ミカドが眠っている間にした。着物も同じものは一回しか使わず、食事に使用する椀や皿も然《しか》り、毎日新しいものに替えられる。が、これだけならさほど面倒ではない。ミカドの使ったものはなんであれ、一般人の手に触れられて汚されることのないよう、ただちに始末される習慣は信じられないほどの出費を要するのが悩みの種で、ミカドの衣類に使う生地、毎日の必要を満たすための品々もみないちばん安いものが使われているという。この不幸なる神は以前、一日のうち何時間も王冠を頭にのせてじっと静止したままの姿勢で玉座に座っていることを義務づけられていた。自ら不動を保つことで正常な状態を乱すいっさいの不順、国土の幸福に致命的な影響を及ぼし得るいっさいの不安定から日本を守るためである。玉座を離れるときも、留守の間に代理を務め、起こり得る不幸を未然に防ぐために王冠はそこに置いたままにされた。ところがある日、機知に富んだミカドが、自分のより王冠の不動性の方が確かなこと、したがって、王冠の方がその受身な守護者の役割を演じるにふさわしいことを見抜いた。大衆の目に映っているミカドは決して死んだりしない。神としてそれではあまりに脆弱すぎる。ミカドは消え去るのである。しかしその前に、子供たちの中から後継者を選び、それは時として女であることもあったが、父親の消滅が全国に告示される前に即位させてしまうのである。

日本の宗教界の最高指導者としてのミカドは、ほかの名ばかりの役割からは自由な存在である。しかしミカドの権威は純粋に宗教的な分野に限られていて、〔聖職者の〕臣下を統制するのに適用される規則は決して厳しいといえるものではない。聖職者はたいていなんでも好きなことができる。上司から咎められることも厳罰に処せられることもなく、感情生活、快楽生活の方面で宗教の戒律を破ることさえできる。けれども、ほかの非宗教的分野では聖職者たちも国の民事裁判所〔寺社奉行〕の管轄下にあり、罪を犯し有罪と認められた場合は、聖職身分に関係なく裁きを受けた。

日本の数多いミア〔宮〕やテラ〔寺〕は、無数の聖職者の一団によって運営されている。かれらは無為の行為、宗教に関わる仕事、さもなければ放蕩に時間を費やしている。神道はその下僕に独身生活を強いないが、神道以上に普及している仏教では強制されていることであり、仏僧の最高の勤めが仏陀の教えを厳格に守ることであってみれば、きちんとその規律に従うだけでも、なんであれほかの俗事に手を出している暇などないことは明白である。禁欲、精進、身の清浄、巡礼、念仏が彼らの信心の中核をなす。家畜の肉を食することは厳しく禁じられているが、それは、家畜が人間の魂の転移したものかも知れないからである。わざとにしろ不注意にしろ、どんなに小さな生き物でもその命を奪うことは大罪であり、つらい苦行でもって罪の償いをしなければならない。念仏を唱えれば唱えるほど功徳も多くなるのだが、この勤め、僧侶たちの怠け癖にいつもうまく合うとは限らないところから、かれらは念仏を鉄の円筒に刻み込み、手のうちでぐるぐるまわすことを思いついた。円筒が一回転するごとに念仏一回分と同じ効用ありとするのである。

僧侶たちの教養といっても、聖典〔経典〕に関する知識と、暗記して覚えて次々と唱えることのできる念仏がいくつかあるぐらいでしかない。仏教が拠って立つところの哲学的倫理的根本に関する知識を有していることなどめったにない。にもかかわらず大衆の目には無尽蔵の知恵の持ち主であって、天地の創造や自然の隠された神秘について知っていると思われている。実際は無知で頽廃しているにしろ、社会の下層部に及ぼしている影響と、公共の慈善団体がかれらに与えている莫大な富を見れば、いかに尊敬されているかがわかる。その富の大きさは寺の大きさと諸施設の数ばかりでなく、聞くところによれば信者から施しを受けてかなり気楽に食べているという相当数の僧侶の一団を見てもうかがうことができる。乞食袋を背負い、平たく大きな丸い帽子や、頭からすっぽり麦わらで編んだ箱のような帽子をかぶって顔を隠して道を行く僧侶の姿をよく見かける。家から家へ、戸口から戸口へ、町でも田舎でもどこへでも現われるが、どんなに貧しい者からでもいくばくかの布施が得られることを知っている。貧しい僧侶のうち、一部の者は盲目である。不幸にも目の見えない者が日本にはあふれており、自ら選んで目を使えなくしたのかと思われるほどである。盲目の僧侶たちはふたつの大きな団体に集まっている。ひとつは、伝説によれば愛する人の死を嘆き悲しむあまりに目が見えなくなったというミカドの子息によって創立され、もうひとつは、さる有名な侍大将が創立者だった。この侍大将は戦《いくさ》に敗れ、敵に辱められるのを恐れて自らの目をえぐり出したが、敵の方は彼を捕虜にするどころか朋友の待遇をしたという。日本には僧院も尼僧院もあって、そこの住人は塀の外へ出ることがないといわれている。そのうちのいくつかはミカドの子息や息女の経営になるということだが、私の訪れた限りの土地でその証拠を見ることはなかった。

聖職者には表面的な敬意を示すものの、日本人の宗教心は非常に生ぬるい。開けた日本人に何を信じているのかたずねても、説明を得るのはまず不可能だった。私のそのような質問にはたいてい、質問をそらすような答えか、わけのわからない答えしか返ってこなかった。時に立ち入って聞き出すと、そのうちの何人かは、戯言の寄せ集めが彼らの宗教、僧侶は詐欺師、寺は見栄《みえ》があるから行くだけの所、などとやっと語ってくれた。諸宗派の間にも驚くべき寛容が成立しており、同じ家族の構成員がそれぞれ別の宗派に属していながら、これといった不和も論争も生じることはない。その理由のひとつは恐らく、大部分の人間が、いったい何を信じているのか無知であるからだろうと思う。この国ではキリスト教を唯一の例外として、ほかの宗教はすべて容認されている。改宗が禁じられているのもただ単に争いを避けたいからである。たとえこの法律を破っても、罰金もしくは短期間の軽い禁錮刑にしかならない。下層階級の人間は、祈りを上げようと思ったら、どんな社寺であろうと見境《みさかい》をつけない。仏陀を安置したテラ〔寺〕であろうと何かの神を祀ったミア〔宮〕であろうとお構いなしである。その点については、リンダウが、自著『日本周遊旅行』においてかなり滑稽な証拠をあげて説明をしている。(5) 横浜のカトリック礼拝堂が完成した当初、町の日本人住民が大勢訪ねてきた。深い信心を見せてキリスト像の前で地面にひれ伏し、熱心に祈りを捧げたので、宣教師たちは大喜びだった。ところが、なぜキリスト教の教会を選んだのか、その動機をたずねてみると、正直だが救いようのない答えがかえってきた。外国人とその「カミ」を讃えたかった。外国人のカミも日本のと同じくらい良いにちがいない、といったそうである。これでは彼らに深い宗教心があったとはとてもいえないが、少なくとも心からなる好意を表わしたことだけは認めざるを得まい。

〔日本の〕宗教はどこでも迷信とよく結びついているが、僧侶たちは迷信を利用して民衆に影響力を及ぼすこともできるので、面と向かってそれと闘うことはしないようである。ここの聖地が病気を治すのに特別な効力があるといわれれば、向こうの社寺は神々に縁組を守ってもらうのにいい、ここは結婚した女が身籠るのにいい、そちらのは諸々の奇跡を起こすのにいいといった具合に、しばしば信者たちの巡礼の目的になっていて、それで僧侶たちのポケットがふくらむのはいうまでもない。

一日に三度鐘が鳴って、信者たちに祈りのときが知らされる。日の出のとき、午前十時、そして日没二時間前である。社寺に入る前に日本人は手を洗うが、その目的のために、入口の前に大きな聖水盤〔手水鉢〕が置かれている。礼拝が続いている間はひざまずくか地面にはいつくばうかして、頭上で何度も手を打ち合わせる。どこの社寺にも大きな木の箱〔賽銭箱〕が必ずあり、金銭を奉納せずに社寺を去ることはまずない。下層の人々は神を敬ってろうそくを灯し、紙や絹の造花を捧げる。祭りの日々には米や菓子などの食料品を、社寺の中でそのために特に定められた場所に盛り上げる。食物の寄付をする際には忘れずに絹の紐の下がった鐘を打ち鳴らす。そうすることで、自分のした行為を神々に注目させるというのである。

社寺はふつう聖なる森か広々とした墓地に囲まれている。死者の身体は、〔膝を抱いて〕座らせた姿勢で甕《かめ》に入れてそのまま埋めるか、焼いて灰を壺に納めるかする。昔は死者を海に流す習慣があった。墓には大理石か花崗岩が敷かれ、その一端にもう一個石を立て、死者の名前と職業を大きな字で刻み込む。そしてその両側に、小さな石の鉢を置いて水と花を入れ、時々弔いに訪れる家族がまめに取りかえる。家族の一員に死なれても、残された者がすっかりしおれてしまうことは稀であり、執り行なうべき式はすべてきちんと行ない、白装束を着て、男たちは髪もひげも二、三ヵ月伸び放題にする。仏教によれば、喪に服している間は、死体に触れたことで不浄の状態にあるとされ、ふたたび社会の清潔な一員として復帰する前に、清めの儀式をいくつも通過しなければならない。

社会の上層部、特に知識人の間には、神道にも仏教にも与《くみ》しない開けた日本人が数多く見出せる。彼らは外見的な神仏信仰を斥《しりぞ》け、孔子の教えの規範に多少の修正を加えたものに従っている。(6)それは、その純粋さと高尚さにおいてほかの数ある宗教よりはるかに抜きん出ていて、雑多な宗教とキリスト教との中間項の役割を果たすといわれている。けれども、神と彼岸の生に関する〔儒教の〕概念群には不確かで不明瞭な部分が多すぎるため、その信奉者はふつう、無神論者と見做されている。その教えは、宗教と呼ぶよりは一連の哲学的な処世訓より成っているといった方がふさわしい。また、〔社寺などの〕外部的な形式をもたず、感覚に訴えて人を唆《そそのか》すこともしないため、儒教に惹《ひ》かれる大衆はいないが、その信奉者が学識深く、真に清廉で汚点のない人生を送っているという理由から、〔大衆の間に〕並々ならぬ尊敬を集めている。

原注

(1) 大名の邸宅の名称。〔本書第一部第六章訳注(3)を参照〕

(2) 一八六八年に日本の非宗教的部門〔政治〕の最高指導者の地位についてからというもの、ミカドは以前の影のような生活から表へ出てくることを余儀なくされ、西洋の使者との交渉に自らあたったことさえある。

訳注

(1) 四天王寺であろう。

(2) 社寺の門前で土産物等を売る露店のことであろう。

(3) リンダウの前掲書ほかの種本から要約したものに、自己の観察を加えたもの。以下、不正確で誤った点が処々に散見されるが、その誤解のうちに異文化理解の舞台裏を観察することができる。

(4) 開港等の勅許はその一例。

(5) Rudolph Lindau(一八三〇―一九一〇)、*Un voyage autour du Japon* 1864、なお、本書第一部第四章訳注(2)も参照のこと。ここにあげられたエピソードは、リンダウの同書中、第二章に見られる。

(6) 宋学、朱子学の類のことであろう。

三　大坂滞在　大君謁見、日本の演劇

前述の決定により、今回のわれわれの大坂滞在はたいへん短いものになった。前章で描写した宿舎に公使を残してわれわれはフリゲート艦で横浜にもどり、フランスの郵便蒸気船の到着を待った。ほんの二、三日のことではあったが、その短期間のうちにあらゆる種類の噂と流言が飛び交った。最初は、公使が大君に面会できなかった、と噂されていたのが、次いで「公使は捕えられた」になり、とうとう孤立し無防備の状態のまま襲撃されて殺害されたという流言まで流れる始末だった。日本人の性格、フランス公使の賢明さと慎重さを熟知していたわれわれが、この種の噂話を鵜《う》呑《の》みにするようなことはなかったとはいえ、やはり心配になり、できるだけ早く大坂に舞いもどって自分の目で事の成り行きを確かめたいと思うと、居たたまれなくなった。と同時に、大坂からわれわれを安心させてくれる手紙が届けられるのを、今か今かと待ちくたびれていた。幸いわれわれの辛抱強さはそれ以上に厳しい試練にさらされることなく、三月二十日にはふたたび兵庫の波止場に錨を下ろし、横浜の仏日学校[1]の生徒

だった日本人の士官をふたり、ただちに陸路で大坂へ送ってわれわれの到着を告げさせた。

次の日〔三月二十一日〕の朝、錨を上げて以前と同じく淀川河口の投錨地に移る。三板《サンパン》が公使の手紙をたずさえてやってきた。その手紙を読んで、公使の身の安全を案じていたわれわれは、ほっと安堵のため息をもらしたものだ。われわれが不在だった間、公使は二度も大君との面会を許され、緊急問題について直接交渉を行なった。わが公使の日本当局との関係はきわめて友好的で、大君は、フランスの海軍指揮官とも個人的に知己になりたいとの希望を自ら表明し、大坂へ招待したのだった。この最後のニュースはわれわれ全員の胸を沸かせた。誰もが日本の神秘的な執政者に会いたいと願っており、〔招待された〕提督に随行すべき士官の人選を緊張して待った。幸い私が三人の随行武官のひとりに選ばれ、文字通りに狂喜、急いで礼装用の制服をまとめ、十分後にはもう全速で大坂に向かっていた。この前の旅で水路に関する知識は得ていたので、全行程の半分をわれわれのボートに乗って河を上った。皇室の茶屋のあるイチョカシンデン〔市岡新田〕で止まる。そこは魅力的な公園に囲まれ、葉の多い木立の間に売店や像が見え隠れし、清冽な小川が静かな音を立て、梢の鳥の歌に伴奏をしていた。前述した種類の茶屋〔茶店〕のほかに、日本にはもうひとつの茶屋がある。それは陛下と朝廷の便宜のために設けられた皇室の茶屋で、役人によって運営されており、高官の訪問が待たれるときには前もって連絡を受けることになっている。これらの建物は普段は閉まっていて誰も住んでいない。

大坂に到着して公使とその秘書が無事なのを確かめた。われわれの不在中、横浜の提督宛に手紙を何通か送ったが、それらはみな、日本の郵便に手ぬかりがあって、着くべきときに届いていなかった。また聞くところによれば、政府〔幕府〕の役に立とうとでも思ったのであろう、一役人がわざと公使の手紙を放っておいたということで、その者は責任を厳しく問われて解任されたそうだ。日本には、大きな町のすべてをおたがいに結ぶよく組織された郵便制度があるにはあるが、まだまだ望まれるべき点が多いようである。たとえば郵便は走り手〔飛脚〕によって運ばれるが、人の足二本が運び得る最高速度で送られるものの、まだまだ手紙が確実に届けられるという保証ができるまでには程遠い。郵便配達人は職務を遂行するにあたって常時全速力で走り続け、身体の運動を自由にするために全裸である。(2) 手紙は棒にくくりつけられ、その棒を肩にかついで走る。もう一方の手には小さな鈴を提げ、それを鳴らして人に道をあけるよう注意を促し、また、宿駅の近くでもって引き継ぎの者に、時間を無駄にすることなく文箱の付いた棒を受け取って次の目的地まで走り継いでいく準備をする

よう、告げるのである。(3)

われわれは、大君はふたたび京都へ行って留守だが二、三日のうちには提督に謁見を許す、との知らせを受けたので、しばらく宿に落ち着くことになった。それに、数日の間ぐずついていた天気が、春分の日近くに日本の海岸を定期的に訪れる、激しい風雨をともなった嵐になったので、じっとしているよりなかった。おまけにわれわれは、ある意味で、国事犯人として捕われた囚人並みの扱いを受けていた。われわれの身の安全を守るという口実で、〔宿舎になっていた〕離れが兵士でいっぱいにされ、多数の護衛なしには家を出ることさえ許可されていなかったからである。というわけでわれわれは室内に閉じこもり、自力で時間つぶしをすることになったが、幸い、その方の才能には侮りがたいものがあった。フランス公使レオン・ロッシュは、すぐれた資質の持ち主であることはもとより、青春期ばかりでなく円熟期になってからも冒険的な人生を送っていたために、話題の多い非常に興味深い人物であった。私の聞いたところでは、ロッシュはまだ青年期の初めだったころに父親の家を離れてアルジェリアへ行き、アブド・アル-カーディア〔Abd al-Qadir, 一八〇八―一八八三〕の一隊に参加、やがてその絶大な信頼を受けるに至り、短期間のうちにアラビア語とオリエントの習慣や社会情勢に関する十二分な知識を得るに至った。アルジェリアの著名なる解放戦線の闘士カーディアアを崇拝していたものの、一八三〇年、フランスがアルジェリア征服を開始するや否や、ロッシュは彼のもとを去らざるを得なくなった。仕入れたばかりの知識をたいそう重宝がられて同国人の側に立ったロッシュではあったが、アブド・アル＝カーディアから敬意と好意の証にたくさんの品を受け取っていた。ロッシュはよく、小さくて精巧な金の飾り針を見せてくれたが、それは一種の勲章としてカーディアから授けられたもので、それには、ロッシュがその後の人生航路で受け取ったきらびやかな勲章や贈物のどれよりもずっと貴重な思い出がこめられているようだった。さまざまな重職を務めたのち、当時は非常に困難なポストで、相当な手腕が必要とされたチュニスの総領事に就任、在日本公使としてフランス政府を代表すべく呼び出されるまで、その地位にあった。

彼をおいて、それまでほとんど未知だった日本国の公使という難しい地位にふさわしい人物を見つけることは至難の技だったにちがいない。日本は、その文明も政治機構も、今まで知られていたどれと比べてもまったく異質のものだった。ところがロッシュは、しぶとく狡猾な東洋の国政、どんなに忍耐強い者をも苛立《いらだ》たせ、どんなに気短かな者でも寛容にしてしまうといわれている国政の策略に通暁していた。彼の行動を導く指針となっていた政治的見解に、われわれ全員が与《くみ》していたわけではなかったにしろ、祖国に利益をもたらすために絶えず動き回っていたその疲れを知らぬ仕事熱心と如才なさには脱帽せざるを得なかった。日本人と祝賀の宴を張るときでさえ、その機会を逸することは決してなく、口にするひと言ひとことにちゃんと狙いがあり、日常茶飯事のおしゃべりにしろ重要問題の議論にしろ、冗談だろうが深刻な話だろうが、一定の目的に向かって絶えず肉迫していく姿がそこにあった。アラビア人の中にあってロッシュはオリエントの花咲くような言葉の芸術を身につけていた。彼の会話は、絵画的な比較と、西欧人の耳には少々わざとらしく感じられるものの日本人の敏感な空想力と感動しやすい心には生き生きとした印象を与えずにはおかない華やかなアラビアのことわざとに満ちあふれていた。大坂でわれわれとよく同席をした日本人のひとり、クリモト・アキノカミ〔栗本安芸守〕という名の外交官は、公使が特に選んで引用したことわざをいつでも必ず筆記していた(4)。アフリカに長く滞在していた時以来ロッシュは、馬への愛情と馬を乗り回す驚くべき技倆をアラブ人より受け継いでいた。横浜の馬小屋には、チュニスのパシャの息子から贈られたサラブレッドが四頭いた。ロッシュが、愛撫したり、語りかけたり、人を相手にでもしているかのようにじっと目を見つめ合ったりして、馬たちと何時間も一緒に時を過ごす光景は、われわれもよく見かけていた。ロッシュのもとで夕食を共にするときなど、主人がすっかり御機嫌になると、デザートのときに見事に調教された名馬のうちの一頭が食堂に引き入れられ、客人から客人へまわって芸を披露することがあった。このような資質に加えて、美貌と軍人らしい容姿、君主を思わせるような挙措と寛容さ、興趣のつきない会話、とあげてくれば、ロッシュが、日本人当局の最高の讃美と敬意の的になっているばかりでなく、われわれにとっても親切なる主人役であり、もてなし上手で学ぶべきことの多い交際家であることがおわかりいただけるだろう。

公使館付秘書は、ほかの公使館付秘書がみなそうであるように、礼儀正しく好感のもてる青年で、洗練されたパリ人固有の習慣と社交好きの性格を失わずにいた。われわれのもとの三人の通訳、シオタ〔塩田〕[5]、オサダ〔長田〕[6]とトリイ〔鳥居〕[7]は何年もの間西欧人のもとで暮らしてきていたが、日本人も西欧人同様つきあいやすくなれることの生き証人になっていた。最後にあげたトリイはなんとも貧弱な小僧でたったの十八歳、いたずらっぽい目をして底抜けに陽気でおしゃべり、抜きん出た猿真似上手で、おまけに人の滑稽な側面を見破る鋭い視線をもっていたので、しかつめらしい威厳のある人物をふくめていろいろな人間の傑作な物真似を諷刺的に演じて見せては何時間もわれわれを楽しませてくれた。それからしばしば接触する機会のあった三人のブンジョー〔外国奉行〕たちがいた。すでに述べたクリモト・アキノカミとカワカツ・オミノカミ〔川勝近江守〕[8]、フィラヤマ・ズコノカミ[原注(1)]〔平山図書頭〕[9]で、三人そろって好人物、公使と外交問題に関する会談を午前中三、四時間にわたってしても、決して陽気さを失わなかった。しかしひとつだけ、フランス語を話さないという欠点があり、通訳を通してしか話ができなかった。だから、かれらを招いての夕食のときは、会話が途切れないよう、テーブルの随所でわれわれの三人の通訳が大活躍をして、不可能な技を可能にしていた。

　宿舎のうち、西欧風に家具をしつらえたふたつの部屋は当然のことながら公使と提督が使用した。公使館付の秘書とわれわれ三人の士官は、かなり原始的なテーブルのほかには西欧式の家具は何もなかった大広間で、仲良く一緒にテントを張った。寝場所はひとり一隅、見事な几帳の陰だった。日本式に綿入りの絹の着物にくるまったが、その着物ときたら丈が長くて驚くほどゆったりしており、一家族が丸々もぐり込めるほど、背中と両袖に大君の紋所が織り込まれ、袖幅も床に達するぐらいに広かった。夜になり、頭の上で嵐が屋根瓦を一枚また一枚とはがしていき、雨粒が雨戸の立てられた縁側に激しく吹き当たるのを聞きながら、綿入れを着て、部屋を暖めていた大きな長火鉢のまわりに集まってワインのグラスを傾けつつ古今の話に花を咲かせるのは、実に心地の好いものだった。日本人の高官よろしくあぐらをかいて堂々と座り、大君の銀の煙管で煙草を吹かしているおたがいの様を見て、われわれは思わず大笑いをしてしまった。こんな目に遭いながらどうしていつまでも信頼し続けるのかと時々首を傾げざるを得なかったほど血腥い事件をいくつも引き起こしては西洋人に被害を与えてきた国の真ん中、日本の心臓部のそのまた真ん中で、そうして隔離されて無防備のままに座っていると思うと、なんだか不思議な気がしてきた。この国が今の今敵意を見せたなら、信頼も何もあったものではない、われわれを死から救い出せるものなぞ何ひとつなかった。逃げ道はことごとくふさがれている。部屋を出てもすぐ、控えの間で深刻な顔をしている役人たちの姿が何人も目に入ってくる。われわれ同様シバッツ〔火鉢〕の上に身をかがめてあぐらをかいているが、その不動の外見の裏には、一般の日本人には当たり前の、外国のものすべてに対する死ぬほどの憎悪が隠されているかもしれない。みな大小の刀で武装しており、その刀が夜の闇にまぎれてわれわれの無防備のまどろみを永遠の眠りに変えてしまうかも知れなかった。これらの憶測に圧倒されてしまったためか、たがいにお休みをいい合ったあと、大広間の四隅からは、それぞれ鞘《さや》からサーベルを抜き、連発ピストルの調子を確かめる音が聞こえてきた。しかし、こうした万一のときの用心も、長所といえばただひとつ、まず全員で吹き出して、次に大笑いの大合唱ができたことだけだった。本当のところは、身がいったん危険にさらされるや、ピストルが二十挺あろうと命が助かる見込みなどなかったのである。

二日ほど待たされたのち、大君が京都からもどった旨の報告を三月二十四日に受け、その翌日に提督に謁見が許されるとのことだった。同じ栄誉をわれわれ社会の上層に属さない者たちが賜わることについて、一部で反対する向きがあったらしいが、幸い問題は無事解決され、次の日の午前九時、前後左右ぐるりと役人に囲まれて出発した。この謁見はごく私的なものとすべく打ち合わせてあったにもかかわらず、宿舎から城まで兵士が人垣をつくっていた。十五分ほど歩いてから濠を越え、高く弧を描いた門を抜けて外廓の中に入ったが、外廓はその部分で二重になっていたため、もうひとつ別の門も通り抜けた。驚いたことにそこからはまだ城が見えず、その代わりにわれわれは、外廓の内側に築かれた別の頑丈な花崗岩の石垣の外に立っていた。ここの濠には水が張ってなかった。その内側の城壁を築くのに使用された石ほど巨大なものを、私はかつて目にしたことがなかった。高さが十—二十フィート、幅が二十—四十フィートにも及ぶものがいくつもあり、厚みも同じ規模だったなら、それはもう小山である。

城はこの内側の城壁の中にあり、平屋の建物で、あまり見栄《みば》えのしない正門が入口になっていた。われわれはここで高官諸士に出迎えられ、多数の護衛兵が正座していた（この姿勢は日本の兵士の標準姿勢のようである）控えの間を通って、奥の間へ案内された。

そこは文字通り国王の宮殿であり、建て方も飾り方も、その様式と趣味の良さにおいて、西欧のどの領主の邸宅にも引けをとらないものだった[10]。通路になっていた幅の広い柱廊は、紙を貼った高い壁〔明り障子〕から入る光で明るく、そこから、柱廊からしか光の入らないその奥の広間をうかがうことができた。広間は畳の敷かれた大きな部屋で、天井も高く、壁と天井にほどこされた芸術的な装飾のほかには家具の類はいっさい置いてなかった。すべてが木でできており、壁の下半分には実物大に描かれた動植物、いずれも大胆かつ真実味あふれた作品で、われわれの賞讃の的になった。今でもよく覚えているが、柱廊の角を曲がったとき、光を発する目と大きく開いた口でもって今まさに跳びかからんとする巨大な虎にいきなり面と向かい合ったときは、全員思わず息をのんだものだった。戸に描かれた虎であったが、実に生き生きと描いてあったために、跳びかかってくるのかと思われた。壁の上半分は、広間から広間へ空気の流通がよくなるようにしてあったのかも知れないが、板をくり抜いて彫刻をほどこしてあり〔欄間の透し彫り〕、これにも動植物が再現されていて芸術作品の出来栄えだった。天井は四角い平板を組み合わせてできていたが、各平板の中央には花々と唐草模様が描かれ、平板が交わる部分には青銅の装飾がほどこしてあった。それはローゼンボー城[11]ならびに焼失したフレデリクスボー城[12]の天井の一部ときわめて類似しているように見えた。柱廊から広間に差し込んでいた薄明りは、部屋の上部に影の部分を残し、それが少々厳粛な雰囲気を与えて効果満点だった。

われわれは大広間に通された。奥の高まった所にテーブルが置かれてシバッツ〔煙草盆〕と煙管がのせられ、その周囲には、西欧の家具の性急で粗野な模造品である不格好な椅子が並べてあった。大広間には大きな長火鉢がふたつほど置かれて、ほんのり暖かくなっているだけだった。だんだんと集まってくる政府要人に、われわれはひとりずつ紹介された。その中には大名が四人いて、そのうちふたりがゴロジョー会議〔御老中、閣老の列〕の正式の成員、あとのふたりは準成員〔老中格〕だった。四人中の最高位者、イタクラ・イガノカミ〔板倉伊賀守〕がわれわれに席を勧めた。醜く弱々しい年のいった人物だが、非常に知的な外見をしていた[13]。閣僚中の指導的人物であり、大君の右腕としてわれわれの顔見知りでもあったので、好奇心をもって観察した。その同僚たちはいずれも際立った敬意を払って伊賀守に接していた。そのうちふたりはまだ若く、美しく整ったコーカサス〔白人〕系の顔立ちをしていて肌も白かったが、それに引き替え三人目の者は獣のような容姿で嫌悪をもよおさせた(14)。四人ともごく質素な身なりをしていたが、高官の者のしるしである白い着物を三枚下に着けていた。

われらの親友、三人のブンジョー〔外国奉行〕もその場に同席していたが、テーブルにつくにはどうやら地位が不足していたようで、大広間の下座側の長火鉢の脇で床に座っていた。役人の一団が食事を供し、お茶で始まりお茶で終わった。料理の半分が西洋式で半分が日本料理、ほとんどみな実によく調理されてあったが、中には、少なくとも私の口には、とても食べられないようなものもあった。料理にはフランスのワインと日本酒が出された。同じ食卓を囲んだ日本人がナイフとフォークを不器用に使うのを見ていると、おかしくて仕方なかった。使い方を真似ようとして、ちらちらとひっきりなしにわれわれの方を盗み見する。けれども望みはなし、とうとうあきらめて手づかみを始めた。それだけでも不愉快きわまりなかったが、それとて、日本人が例えばトルコ人などオリエントの民族と共通してもっている悪癖と比べたら問題にもならなかった。おいしい料理を味わうとき、彼らは変な音を何度も響かせて満足を表わすのである。口蓋で発せられるようでもあり胃から発せられるようでもある中間の音で、普通は満腹のときに出てくるその音はわれわれ西洋人もよく知っているが、礼儀作法をわきまえて出さないようにしている。しかし日本人にあっては、鳩尾《みぞおち》の辺りが快適な状態にあるとき、それを音にして表現するのを抑圧しては不作法になる。それどころか、その音を何度も繰り返すことが洗練された作法とさえ見做されているのである。というわけで彼らは、必要のあるなしにかかわらず件《くだん》の音が出せる修練をみな積み重ねてきていた。これら礼儀正しく洗練された日本人と一緒に食事をしながらきちんとお行儀良くしていなければならないわれわれ西欧人の苛立ちぶり、読者諸賢にはおわかりいただけるだろうと思う。われわれのブンジョー〔奉行〕、通訳たちはもうとっくにその悪習を止めていたが、高貴な大名や閣僚の諸氏に行儀作法を教えるわけにはいかず、われわれはキリスト教徒の忍耐をもってこの避けがたき悪癖をこらえていたのである。

有能な通訳たちのおかげでテーブルでの会話はかなり活発、深刻な論点もあったが、陽気な話題も飛び出した。日本側は〔フランスの〕朝鮮遠征とそれに関連した問題について、情報を得ようと非常に熱心だった。日本は以前からこの国に対して一種の宗主国としての権利を主張しており、朝鮮では何人もの大君[15]が軍事行為を行なって利益を得てきたという背景があった。日本人の修史家が二、三人、それより数ヵ月前にもフリゲート艦を訪れて、遠征と朝鮮国の情勢についての詳しい描写を求めてきたことがあったが、情報はもちろん喜んで与えてあった。さて、料理が一品また一品と出され昼食がとても長引きそうに思われたところで、機が熟したと見た公使が、そろそろ大君に謁見したいが都合はどうか、とたずねた。イタクラ・イガノカミが一座の許しを乞うて席を立ち、やがて諾なる返事をもってもどってきたので、われわれは長い柱廊と広間をいくつも抜けて、いわゆる小謁見室に通された。かなり狭い部屋だが、すでに見たほかの部屋べやと同等に趣味が良く、奥の部分が高まっていて高価な絨緞が敷かれていた。そこの、緑地に金糸の織り込まれた絹布がかけられたテーブルの端に、大君が座っていた。テーブルの左側にはゴロジョー〔御老中〕たちが席を取り、われわれは、公使によってひとりひとり大君に紹介されてから、右側に着席した。

大君ウエサマ〔上様〕は体格が良く、年は三十三ぐらい。(16) 顔立ちも整って美しく、少し曲がっているが鼻筋が通り、小さな口にきれいな歯、憂愁の影が少し差した知的な茶色の目をして、肌も健康そうに陽焼けしていた。ふつうの日本人によくあるように目尻が上がっていたり頬骨が出ていたりせず、深刻な表情をしていることの多い顔が、時折人好きのする微笑で生き生きとほころびた。頭の中央は例によって剃り上げてあり、後部の髪を束ねて丁髷《ちょんまげ》にしてあった。中背以下であったが堂々とした体格で、その姿勢も充分に威厳があり、声が優しく快かった。まさに非の打ちどころのない国王、という印象であった。衣装は色も形も他の者と同じくきわめて質実で、生地の贅沢さばかりが目立っていた。黒い絹のキラモノ〔綺羅物〕が、色とりどりに何枚も重ねられた同種の薄衣の上に羽織られ、ズボン〔袴〕は金糸をほどこした絹だった。小刀〔脇差〕は腰の帯にさしていたが、大刀は太刀持ちの手にあった。

われわれに歓迎の辞を述べた後、大君はいろいろな問題について話を始めたが、中でも朝鮮遠征は大君もたいへん興味を抱いていたようで、特に朝鮮人がどんな武器を使ってわれわれに応戦したかを知りたがった。それから提督に、装甲艦や軍艦の大砲について、陸上の砲台における鉄板の使用等、軍事に関する質問を浴びせかけ、自らも詳しい知識をもっていることを明らかにしてわれわれを非常に驚かせた。また、日本ではどんな船に特に力を注いだら良いのか、提督の意見を求め、さらに、日本が海軍の武器を選択するに当たっていまだに西欧諸国が見せている半信半疑が、時代の要求にふさわしい海軍を日本につくって発展させるのを妨げてきている、と述べた。このときの対話から、大君が、外国の攻撃から日本を守るというより、大名のなかで軍事的に優越している者たちに対抗するために武器を購入するつもりであること、国中団結した強大な日本を自らの指揮下に治めるべく、少なくともフランスの精神的援助を期待していることが明白になった。こうして会見の深刻な部分が終わると、大君の合図で、提督の栄誉を称《たた》える贈物が運び込まれた。まず、大きな額に入れられた大君の写真、非常に美しく高価な漆塗りの家具――大小さまざまな抽き出しがついていて、貴重品をしまうのに使う。それには細かく刻み込まれた銀細工と金をほどこされた浮彫りが黒地に見事にあしらわれ、日本の工芸人の芸術的感覚の良さと高度な技術を十二分に証明していた。公使にはすでにこれまでの謁見で見事な贈物がなされているので、大君は帯から小さな薬箱〔印籠〕を抜き取り、何年も使っていたものだ、との言葉とともに公使の方へ差し出した。高貴なる日本人の薬箱がつまらぬものと思ったら大まちがいである。ふつうはただの漆塗りの木でできているにすぎないが、時には非常に巧みな技術で細心をもって仕上げられており、西欧の領主が式典の折などに与えることのある金の嗅ぎタバコ入れなどよりは数段上の値打ちのあることがある。話のついでに公使が以前頂戴した贈物のひとつに触れておこう。それは象牙をけずった長さ半アーレン〔約三十センチ〕ほどの亀で、銀の甲羅でおおわれていた。その上には岩を表わしたマラカイト〔孔雀石〕がおかれ、そのまた上方先端に直径三、四インチもあろうと思われる磨かれた水晶の玉がのせてあった。機敏な向きはこの組み合わせを見て、ロッシュ（クリスタル・ド・ロッシュ cristal de roche〔水晶〕）に公使の名をほのめかそうとしたらしいことに感づかれようが、この解釈は、本当であるにはあまりにうがちすぎているように思われる。

われわれ「その他一同」は、フランス語でいう de nous sentir recompensés dans la personne de notre chef〔意訳　褒美を受け取ったのは上司だが、それをわれわれが受け取ったように思うこと〕で満足することにした。もう一度飲み物が出され、煙草を一服して謁見が終わった。日本人は頭を下げてたいへんうやうやしく大君と話をしたが、奴隷的で儀式ばったところは少しもなく、われわれの年若い通訳たちですら、あまりの威厳に圧倒されるようなことはなかった。大君が立ち上がって部屋を出るときにだけ、ゴロジョー〔御老中〕、ブンジョー〔奉行〕、通訳の別なく、一同床に鼻をつけるようにしてひれ伏し、大君の姿が見えなくなるまでそのままの姿勢でいた。五、六時間に及んだ城の訪問が終わり、われわれは来たときと同じ道を引き返して宿舎にもどった。

大君と面会してきたせいなのか他に何か理由があるのか詳《つまび》らかにしなかったが、ともかくその瞬間から日本人がわれわれの安全をそれほど危ぶまなくなったように感じられ、行きたいところはどこでも回って歩くことが許された。従者は気の良い役人数人のみで、護衛と道案内を兼ねていた。この機会を逃さず自由に町の様子を詳しく調べることにして、親切にも、日本の良馬でいっぱいの馬小屋を丸ごと提供してくれたので、馬に乗って朝から晩まで町を回った。馬といえば、私が初めてその馬小屋に入ったときの驚きを思い出す。どの馬もみな仕切りから頭をこちらへ向けて立っているではないか。西欧の馬小屋とは正反対である。このようなこまごまとした事実に西欧と日本との間の不一致を見るにつけ、思わず笑いが込み上げてくる。例えば日本人は必ず右側から馬に乗るが、これなど、われわれにはぶきっちょに見えて仕方ないのである。

大理石の広場はひとつもないにしろ、その数多くの運河と橋のゆえに大坂はどこかヴェニスと似たところがある。水上の交通は通りのそれと同様頻繁で、これら狭い運河の光景、緑の木々や色とりどりの花に飾られた露台のある木造の家が水上にせり出している光景は、絵のように美しい。荷物を重そうに積んだ三板《サンパン》や、忙しい渡し舟の間を縫って、時々洒落《しゃれ》た形をした舟が滑っていく。舟からはギター〔三味線〕を奏でる音や歌声がし、小さな家〔屋形〕の下ではきれいに着飾った娘たちと陽気な男たちのグループが、河の上で楽しい一日を過ごそうと先を急いでいく。運河はヴェニスほどロマンチックではないが、その代わりに通りの方は、みなまっすぐで非常に長いため（半〔デンマーク〕マイル以上のものがたくさんある）、少々単調なきらいはあってもヴェニスより見るべきものがはるかに多い。

住人のほとんど、特に商人や職人が特別の居住区を与えられているのが大坂の特徴のひとつである。例えば大きな磁器の店はみなひとつの通りに集まっている。ちなみにその通りには、磁器の店のほかには墓石や小さな寺〔石灯籠〕や石像など墓場や庭の装飾に使うものを並べた石切り工しか住んでいない。ほかの区域では製造品を売る店ばかりが軒を並べている。〔淀川〕支流の一本と平行に走る長い通りには材木屋ばかり。ここの家には屋根の高さで通りを横切って梁木を渡し、梁木と梁木との間にそれぞれの店の材木が店と仕事場の前に立てかけてあるので、野《の》角《がく》から細い円材まで大小さまざま、材木の森を歩いているようである。われわれはよく店をのぞいてみた。商品は横浜ほど見かけは良くなかったが、質はしっかりしていた。特に高価な絹織物と磁器の珍品がわれわれの目をひいた。前者にはとてつもない金額を支払わされたが、後者は比較的格安だった。磁器のほとんどが本州中央に位置する領国カンガ〔加賀〕から来ているのを見ると、そこには大きな磁器工場があるにちがいない。材質と絵柄の良さ、色合いのあざやかさですぐれているのはいうまでもないとして、それは美しいというよりむしろ一風変わっていた。ある店で大きな皿を見つけたが、驚いたことにそれにはロシアの民族衣装を着けた人物の絵を焼きつけて装飾がほどこしてあり、金文字でロシア語の銘まで入っていた。残念ながら店の主人のいうことがわれわれにはわからず、この珍品についての情報は得られなかった。別の所では類まれに美しい「鰰焼《ひび》き」をいくつか見かけた。値段から察するに、西欧と同じく日本でも珍重されているのがわかった。

この近辺の店は横浜のよりずっと規模が大きく、たいてい何百人も収容できそうな広々とした広間がついていた。部屋の中央が高まっていて畳が敷かれ、商人とその手伝いが何人もシバッツ〔煙草盆〕のまわりに席を取り、客が見たいという商品を出して見せていた。いちばん大きな店になると二階があり、われわれは高位な者ということで階上に案内され、商売の始まる前にお茶をごちそうになった。しかし、商売が始まるや否や店の方に移され、あれよあれよという間に仕事熱心な連中がわれわれの周囲に着物の山をつくってしまい、せっかくの親切を無駄にするのも気がとがめられ、体裁もあって結局何かを買わずにはいられなくなってしまうのだった。

毎日の散歩の途上、町の目抜き通りのひとつで、正面をけばけばしい絵で飾った建物四、五軒にいつも目を奪われた。その絵は、われわれの見る限り、日本の歴史的場面に題材をとったものらしく、画家の生き生きとした想像力を駆使して、これでもかこれでもかというように悪趣味で煽情的だった。蜜蜂が巣に出たり入ったりするが如くおびただしい数の人間が群れ合って建物の低い入口を出入りしていたので、われわれは馬を止めざるを得なかった。何をしているのかという質問に、シバヤ〔芝居屋〕という答えが返ってきたが、なんのことかわからずにいたところ、役人たちがただちにわれわれを中へ連れていってくれた。突き出た門を入ると大きな空間があったが、照明は悪臭を放つろうそくだけで中は暗く、天井を支えていた柱に額をぶつけたりしないよう、従者の者たちがわれわれの手を引かなければならないほどだった。狭い階段を上って二階へ出ると、やっとなんの建物であるかがわかった。そこは円形の劇場の廊下で、そこからいくつもあるドアが特別席につながっていた。われわれは早速そのひとつにおさまり、そこから広い空間を見渡した。少々相違点もあったがだいたい西欧の劇場と同じような構造だった。観客席は卵形で、その両端に、特別席のある天井桟敷がしつらえてあった。特別席には南欧の劇場のように板で仕切りがしてある。下の観客席は横木と手摺りによっていくつもの小さな席、というより仕切りに分けられていて、特別席同様、畳の上に観客が別々に座るようになっている。男もいれば女もいて、絹の着物を着た娘から、ボロをまとった荷役、裸同然の人足までいた。一家そろって楽しそうに、飲んだり食べたり煙草を吸ったりしながら、舞台で演じられる場面を食い入るように見つめていた。

舞台もほぼ西洋式につくられていた。床から数フィートの高さで舞台装置があり、劇の進行とともに変えられた。ふつうの日本楽器を組み合わせたオーケストラが舞台の右手に陣取り、役者の科白《せりふ》と身振りに合わせた演奏と歌でもって劇の進行に加わっていた。舞台と同じ高さで狭くて高い壇、あるいは橋のようなもの〔花道〕が、観客席の後方まで舞台と直角に走り、外の廊下へつながっている。舞台の真ん中ではなく、一方の側に三分の一ほど寄ったところにつけられていて、役者が劇の途中で初めて登場するときにはこの道を使い、数フィート高いとはいえ、文字通り観客の中に分け入り、劇場の長さ分を通り抜けて御目見えするのである。その日は、ここで劇の筋を説明できるほど長くはいなかったが、そのときだけでなく後日ふたたび大坂を訪れたときも、私は何度か劇場を訪れた。大坂の劇場は、日本のほかのどこよりも一段すぐれているという話だった。

言葉を知らない者の目には、日本の演劇芸術は中国のものと共通点をたくさんもっているように思われた。日本の演劇はもともと中国起源であるのだろう。役者は生き生きとした物真似と誇張した科白《せりふ》まわしに特に重点を置いているように思われた。一音節一音節が極度に強調され、最後の音が果てしなく伸ばされて裏声が出される。役者にとって大事な技であるにちがいないが、西洋人にははなはだ耳ざわりである。物真似はそれに反して実に巧妙、才能のある劇芸術家は顔の表情ひとつで激情の種々相、心理の動きの微妙さを、あざやかに演じて見せる。不幸なことに、その好印象も、劇にともなってなされる身体、手足を使ってのグロテスクな身振りで台無し同然にされてしまう。衣装は豪華で、日本人がおのれ自身とさまざまな事件を諷刺的に再現するかなり感情的な絵〔錦絵か〕に描かれているのとそっくりそのままである。諷刺的に再現しているといったが、かれらはむしろ理想化して再現しているのかも知れず、その辺のあいまいさが外国人のかれらについての印象を非常に誤ったものにしている。昨今の日本人の質素な外観と慎ましく威厳に満ちた振る舞い、それに反して役者たちが観客を魅了するところの身の毛もよだつような恐ろしい行為と呻《うめ》き声をともなったパトス、このふたつほど相反するものはない。中国と同じくここにも女優はおらず、女の役は若者が演じ、日本女性の声、歩き振りから仕草まで寸分違わず模倣し、化粧と鬘《かつら》を使って女の幻想を醸し出している。

役者が演ずる題材のうちいちばんありふれているのが日本の英雄物語からとったものである。この種の劇では不自然で非現実的な怪物やら事件やらが中心的な役割を演じる。けれども日常生活や恋の策略を見せる場面もある。役者は往々にして非常に不作法で淫らなことが多く、もちろんそれがこの種の劇の特徴ではないにしろ、女の役が男によって演じられるわけが納得できようというものである。日本の劇をわかりやすくしている要素があるとしたら、それは、私がかつて見る機会を得たことのある中国の劇ほど徹底して場面が不動ではないという事実だろうと思う。大坂では場面転換がかなりおもしろい方法で行なわれていた。舞台の中央が円形に切り抜かれていて回転できるようになっているのである。半円のそれぞれに異なった舞台装置が備えてあって、半回転させるだけで舞台転換ができ、その装置に移動可能な背景を両側から継ぎ足せばそれで完璧になるという具合である。

劇芸術は日本では非常に軽蔑されているといわれているが、それにもかかわらず大衆は演劇の公演を特別高く評価しており、それは、四、五軒隣り合って並んでいる大坂の大劇場がどれもみな、われわれが出かけていくたびに満員だったことを見てもわかる。朝早くから夜遅くまで、一家そろってこの娯楽に時を忘れ、時には事件が何世紀にもわたってゆっくり発展する果てしのない劇にも、飽きることなくついていく。来る日も来る日も劇場で過ごしている人さえたくさんいるかも知れない。自分で食事を持参しても良く、近くの大衆食堂から取り寄せてもいい。こうして散文的で陳腐な日常生活から逃れて、冒険に満ちた空想の世界に遊ぶのである。恒例の江戸参府の途次に大坂を訪れた長崎オランダ商館の面々は、劇場の席は非常に高価で十デンマーク・リグスダーラー以上も支払った、と語っているが、劇場に通う人々大半の社会的地位を考えてみたら、そんなはずはないということがわかる。富などには縁のない人々ばかりで、そんなに高価な娯楽だったら、彼らにはきっと禁じられていたにちがいない。われわれは劇場の席に金を払わせてもらえなかったので値段のことは知らない。しかし、もしも高かったのなら、それほど気前のいい扱いを受けることはなかったろう。

原注

（1）大部分の日本人高官の名前の最後にあらわれる「カミ」なる語は、私の聞いたところでは、君主の位階を伴う称号だそうである。

訳注

（1）仏語学校については前掲書、篠原宏『陸軍創設史』、一〇四―一一三ページを参照。

（2）どうやら、褌は衣類のうちには数えられていないようである。

（3）同種の記述がリンダウの前掲書第十章中に見える。

（4）外国奉行栗本瀬兵衛鋤雲《じょうん》（一八二二―九七）は周知のように後日、『報知新聞』の主筆になった人物であるが、ノート好きの性癖があったことがここにも読み取れる。

（5）塩田三郎（一八四三―八九）は外交関係の通訳としてはベテランで、池田使節、柴田使節、岩倉使節にも同行している。

(6)　長田銈之助、また銈太郎と称する（一八四九—八九）。前掲書『近代日本の海外留学史』の著者石附実は、同書中の「人名索引」ならびに「海外留学者リスト」中で、「長田」をナガタと読んでいる。

(7)　鳥居八十五郎（生没年不詳）。スエンソンがここに記しているエピソードのほかには、石附実の前掲書中の「海外留学者リスト」に、わずかに「幕臣、慶応三年、仏国〔行きの〕、〔発令あり〕」とあるのみ。

(8)　川勝近江守広道（一八三〇—？）。

(9)　平山図書頭敬忠（一八一五—九〇）。ズショノカミをzucho……と筆記体で書きとめたものの、chをkと読みちがえてズコノカミになったのだろうと思う。

(10)　白書院であろう。

(11)　デンマーク王クリスチャン四世によって一六〇六年に建てられた王宮。コペンハーゲン市内にある。

(12)　コペンハーゲンの北約三十六キロメートルのところにある王宮。一五六〇年、フレデリック二世によって建立される。一八五九年に火災に遭ったが、のちに再建された。

(13)　板倉伊賀守勝静《かつきよ》（一八二三—八九）。たいへんな老人のように記述されているが、わずかに四十三歳であった。

(14)　老中ふたりと老中格ふたりが列席したという記述から、まず、当時老中格であった大給《おぎゅう》（松平）乗謨《のりかた》（一八三九—一九一〇）と稲葉正巳（一八一五—七九）のふたりが確認できる。老中は都合五人いたが、板倉のほかのもうひとりが誰であったかを決めるのはさほど容易ではない。「嫌悪をもよおさせた」「三人目の者」が当時五十一歳であった老中格稲葉正巳だとすれば、残るふたりの若くて肌の白い者は、ひとりが大給なので、もうひとりを老中の中で年の若い者の間にさがすと松平（松井）康直（一八三一—一九〇四）と稲葉正邦（一八三四—九八）にしぼられる。それぞれ三十五歳と三十二歳であった。私見では、「コーカサス系の顔立ち」という記述から、松平と見たい。彼が年よりはるかに若く見られたことは、竹内使節団の副使として渡欧したときに西欧人が彼に抱いた印象から実証できるのであるが、さらに稲葉正邦が同様の顔立ちをしていなかったことが証言されなくてはならない(拙稿「初期日本・デンマーク文化交流史についての覚書」、「日本歴史」四七九号〔昭和六十三年四月〕を参照)。

(15) 太閤秀吉の朝鮮遠征についていっているのであろうが、「何人もの大君」という記述の根拠は不明。

(16) 徳川慶喜(一八三七―一九一三)は当時三十歳であった。

四　大君の宮廷

出来事の順に厳格に従おうと思うので、ここでひとまず大坂の話をやめて、ひと月後に大君が外国公使全員を招いて催した儀礼的な集まり〔慶喜の四ヵ国大使謁見〕にもどろうと思う。それは今回の訪問とは別の意味でたいへん興味深かったもので、日本ではごく稀にしかない、礼装した大君とその宮廷を見る機会が得られたのである。その間、横浜のフリゲート艦上で過ごした部分は長くなるのではしょることにするが、ただひとつだけ、いつもの単調な生活に気晴らしをもたらしたエピソードがあった。それは郵便蒸気船が到着し、朝鮮遠征の褒美が士官と乗組員たちに分配されたときのことだった。この種の出来事はフランス艦上では儀式ばって行なわれるのが常である。ニュースが夜に届こうものなら、レジオンドヌール勲章の十字架を授けられる幸運な男は安らかな眠りからたたき起こされ、凱旋よろしく食堂に担ぎ込まれる。そこで何時間にもわたって祝いの言葉の奔流にもてあそばれ、抱きつかれたり、キスが両の頬に雨のように注がれたりするのに我慢していなければならない。フランス人がキスし合うのは舞台の上だけではない。毎日の生活でも、心からのembrassements〔抱擁〕をして内なる感情をぶちまけるのを好む。最初のうちは、われわれ慎ましく冷たい北国人は、それを見てきまり悪く思ったものだった。[1] さて、こうして最初の試練が終わると楽士隊長が現われて、叙勲された者の栄誉を称えるべく数曲選んで演奏する許可を求める。ところが、機会が機会だけにワインが何本もあけられるので、その影響で数曲どころか演奏会にまで発展、見事な凱旋行進曲で始まったのが同じ凱旋行進曲で閉じられる。それから祝典の儀式ばった部分になり、全乗組員集合のもとで提督が、なったばかりのナイト〔勲爵士〕の胸に〔勲章の〕十字架をつけ、誓いの言葉をいわせたのち、その肩をサーベルでもって三度たたいてナイトの印とすると、最後に上司と部下は優しく抱き合い、その間乗組員たちが声の嗄《か》れるまでVive l'empereur!〔皇帝万歳〕を叫び続けるのである。

　フランス人の勲章狂いと、特にレジオンドヌール勲章がそうだが、赤いリボンをこれ見よがしにつけて歩く虚栄心についてはよく知られている。パリの大通りで、コートを二、三枚重ねていながら赤いリボンで飾られたボタン穴が全部見えるように細心の注意を払って着こなしている者とか、左いちばん上のボタン穴から目を離さずに周囲のものを見ようと絶えずやぶにらみをしているために目だけでなく首筋まで曲がって慢性疾患をわずらっている者とかに出会ったことのない人はおそらくいまい。戸口で寝巻のガウンを着たフランス人に出迎えられ、それにもレジオンドヌールのリボンがついていた、などという体験をしたことのない人がいようか。私の同僚のひとりは、口が軽くなった折に、ナイトになってからしばらくの間、勲章の小さなリボンを毎晩パジャマに縫いつけていた、と打ち明け話をしてくれた。遠目には何かの記念章のように見えるところから、何もついていないボタン穴にバラのつぼみをさしている人間を見かけなかった人がいるだろうか。赤いリボンのひと巻きを無数にかかえ、右に左にボンボン投げ与えているフランス政府は、しばしば誤用されるが決して錆びることのないなんと強大な武器を所有していることだろう。その小さな赤いリボンは血を流す傷をいくつおおってきたことか。告発する声をいくつ沈黙せしめてきたことか。確信に満ちた言葉をいくつ封じてきたことか。意気消沈した魂をいくつ大胆不敵に高鳴らせてきたことだろうか。その点フランスの兵士も水兵も、一般人と変わりはない。自分の弱点を知っているし、それを自分でも認めて、よく自分を笑う。けれども勲章のことを頭から振り払うことができないのだ。ところが言い訳に役立つことなら山ほどある。ナポレオン一世がレジオンドヌール勲章を初めて制定したときには、祖国のためになされたあらゆる種類の貢献に対して与えられる褒美だったにもかかわらず、最初のうちは主として軍隊の勲章と見做され、今日においても勲章とともに年金を受けられるのは軍隊関係者に限られている。原注(1) 年金は勲章に実利的な意義をすでに充分に与えているが、それ以外にも、政府が気前よく与えているにもかかわらず、保たれるべきと思われる水準をはるかに超えた意義が、レジオンドヌールにまつわる伝統そのものによって付与されている。海軍でも陸軍でも、本人がそれを受け取るべき働きを何かせずには勲章の与えられることはまずない。理由なしに受け取るわけではないからこそ、それはいつでもすぐれた推薦状代わりになってくれるのである。例えばフランスの軍人がある若い士官について話していて、その能力が未知な場合、最初になされる質問が叙勲の経験があるかどうかで、答えが諾ならばその士官の株は一挙に上がろうというものだ。しかし、この赤いリボンをつける栄誉を得るために、どれほど多くの労働、何年にも及ぶ疲れを知らぬ努力が必要とされたことだろうか。フランスでは幸運の女神にも功績と同等の褒美が与えられるので、ある者は運が良く短期間でそれを手に入れる。けれどもある者は、十回も叙勲の候補にあげられながら入手できないでいる。その社会的地位のために軍隊に留まることを余儀なくされているのならともかく、そうでないたくさんの若者が、勲章の十字架を手に入れるまでは軍人の道をあきらめまいとしている。私はインドシナの地獄のような気候の下で四―六年も過ごし、空っぽで虚栄だとしか思えない目的を達成するために精根使いはたしていた士官を何人か知っていた。彼らが目的を果たすことは稀で、結局、死人同然となってヨーロッパへもどってきては、そこでまた力を貯えて一からやり直そうという儚《はかな》い夢を抱くのである。(2) さて、こういう話はここには不適当、私をますます大坂から引き離してしまうので止めることにして、一八六七年四月末から五月初頭にかけて、大坂が舞台となった厳粛かつ重大なる事件について触れようと思う。

日欧関係史に新しい時代の到来を記すべく外国公使の面々を晴れがましい集まりに招待しようという大君の計画がついに実現した。四月末、英仏蘭米の公使が大坂へ赴いたが、情勢が許す限りの戦艦を率いてきており、それは、こうして戦力の充実を見せつけることにより、列強代表に親交の情を示さんとする日本政府〔幕府〕をつくづく感心させ、合わせて列強のもつ重要さに目を開かせようというものだった。そのほかにも今回の集まりには、長いこと遅延されていた江戸、大坂、兵庫の開市・開港、ならびに西海岸の一港〔新潟〕の開港に関して、その時期と条件を決定するという直接の動機もあった。

ほかの国々の公使は大坂に着くと、一ヵ月の間に素晴らしい西洋式住宅に変身していた各所の寺院や僧院に宿をとった。ロッシュ公使とローズ提督も同じ栄誉を受けることになっていたが、ふたりとも以前の宿舎の方が気に入っていたため、環境も良し、城にも近くて長所の多いその宿舎が使えるよう、特に願い出た。

四月二十六日、三度目に大坂に達したわれわれの踏んだのは、すでに知っていた場所柄だった。しかし今回は、前二回の訪問のときよりずっと晴れやかな到来ぶり、提督は幕僚全員に囲まれていたし、公使も負けじと前述した横浜滞在のフランス軍事使節団の〔陸軍〕士官の大半を引き連れてきていた。われわれが宿に落ち着いた翌日〔四月二十七日〕、提督の命令で四十名より成る海兵の分遣隊が、フリゲート艦の楽器数二十以上にも及ぶ素晴らしい音楽隊を先頭に到着した。それに加うるに通訳、給仕、当番兵等々を合わせたら、全部で百名近くの部隊になった。

日本人儀仗兵の一部が場所をあけわたして、われわれの海兵が離れの兵舎に収容され、宿舎内部の護衛に当たった。陸軍士官ほかの要員の大部分には、母屋の方に部屋を用意する必要ができ、その機会に日本の住居にそなわっている実際的な感覚を嘆賞することができた。一時間ぐらいのうちに、母屋の内部がすっかり変わってしまったのである。左右に動かせる戸〔襖〕を適当に移すことによってふたつの大広間がいくつかの小さな部屋に分けられ、どの部屋も場所をたっぷりとって快適になった。この仕事に当たった日本人の職人の腕の良さと敏捷さは注目に値し、あまり良くない道具を使っていたにもかかわらず、西欧の職人など足元にも及ばないような正確さと趣味の良さをもって、あっという間に仕上げてしまった。

今回大君が繰り広げたのは、まったくもってその名にふさわしい豪華で鷹揚な歓待ぶりであった。中国駐在時以来その名の知られている英国公使ハリー・パークス卿は、ロッシュ公使と同じ規模の随員を連れていた。アメリカとオランダの公使館も同様に多人数で、この一群の人々が何週間にもわたって、至れり尽くせりの世話を大君より受けたのである。客人たちの胃袋の心配はフランス人の料理店主にまかせられた。彼は何人ものコックとパン職人ほかの料理人を引き連れて船一隻分もあろうかと思われた食糧、ワイン、シガーとともにある寺に陣取った。その寺は各国公使の宿舎から程よい距離にあるところから選ばれたのだったが、そこから昼間のうちは一時間ごとに使いの者が東西南北に走り、贅沢きわまりない各種の昼食、夕食、晩餐が、それぞれ仏英米蘭風に料理されて運ばれた。希望を述べさえすれば直ちにかなえられるようになっていた。ちなみに各国使節はおたがい別個に滞在しており、会うのはたまに行なわれた訪問、あるいはたがいに外交問題の懇談を兼ねた夕食に招待し合うときだけだった。ハリー・パークス卿は、うら若くかわいらしい奥方を連れてきていたが、彼女は英国女性の勇気と独創性をもって日本の心臓部を訪れる最初の西洋女性となるべき好機を逸しまいとしていた。ところが日本人は彼女の存在を快く思っていなかった。奥方は二、三度、日本人からかなり侮辱的な不快な目に遭わされたともいわれていて、大君とその何人もの正室や側室たちに会って宮廷を見たいという彼女の希望は、ついに果たされることがなかった。

式典の公式プログラムによれば、大君は、公使たちの大坂滞在中に、それぞれと二度ずつ会見することになっていた。一度目は私的な謁見〔内謁見〕で、その後で夕食になる。そのときは大君が自ら主人役を務めるので、そのために大君は毎日ナイフとフォークの使い方を練習しているとささやかれていた。二度目は正式謁見で、その折に各国公使がそれぞれの信任状を提出する。あとの時間は勝手に過ごしてよく、われわれは自由時間を市内や郊外の見物に使ったり、日本の大物高官諸士に礼儀をつくすのに当てた。彼らを何度か食事に招いたが、それはたいへんな栄誉とみなされて、高く評価された。というのも西欧の音楽を聴く機会が得られたからであった。西洋音楽は大評判で、日本人の耳を快くくすぐるようだった。われわれ若い者には、これら長々と続く堅苦しい食事は退屈に思われたので、なんとか抜け出す道を見つけ、代わりにもっとおもしろい方法で社会のそんなに高級ではない方面での民衆生活を見学しようとした。大坂は、日出ずる国のほかのどの町よりも抜きん出た娯楽の町として知られていたので、もうずっと前から一度ここの茶屋を訪ね、横浜の同種の施設と比較してみようと思っていた。けれども、ことはそうたやすくないことが判明、たいへん難儀な思いをしてやっと好意的な役人を見つけて説得し、かれの同僚たちも誘って町人が夜遊びしている現場へ連れていってもらうことになった。ただし、われわれの身の安全についてはいっさい責任をもたないということだった。

　遅い夕食ののち、しっかり武器を携えて家を出、兵士を数人連れた役人たちに先導されて出発、日本人はみな深刻な顔をして片手を柄におき、もう一方の手にはさまざまな色をほどこされた提灯をさげていた。道行く人影のない通りでは、提灯の灯りはなくてはならないものだ。一時間ほど歩いて町のある一角に達すると、辺りがいきなりにぎやかになった。頰かぶりをした姿が茶屋の入口にたむろしており、開いていた戸の中をのぞくと薄暗い所に寄りかたまっている人々の影がうかがわれ、弦楽器の音やら歌声、笑い声が、時には口論、喧嘩騒ぎまで交じって耳に入ってきた。いちばん大きくて品の良さそうな茶屋に入ろうとしたが、門番と茶屋の主人との間で長々と交渉がなされたにもかかわらず、驚いたことに結局断わられてしまった。われわれの役人たちはすっかり当惑していたが、どうやら歓待してくれそうな店が見つかって、二階の広間に案内された。部屋の窓は一方が通りに向かって開き、もう一方は運河の上に乗り出すようにかかっていた露台の側にあった。踊りを見て音楽が聴きたいと頼むと、しばらく待ってほしいとのこと、やがて食事が出され、日本料理であったが、たいそうおいしかった。それからしばらくして、サミシン〔三味線〕原注(2)を侍女に持たせて三人のムスメが現われ、座敷の、われわれが控えていたのとは反対側の端に席をとった。三人とも実にすばらしい着物を着ていた。そのうちのひとりは非の打ちどころのない美人で、上品で整った顔をして肌色もよく、身体の線も素晴らしかった。年は十六、七であろう。けれどもその物腰《ものごし》から、男相手の席にもうすっかり慣れっこになっているのが見てとれた。もうひとりのムスメも同様に若くて新鮮、愛くるしかった。ところが三人目のは若さの魅力をすでに失い、年若いふたりの連れで母親代わり、庇《ひ》護《ご》者《しゃ》の役割を果たしているようだった。長いことかかってギター〔三味線〕の調子を合わせてからやっと歌い出す。音楽的リズムが欠けているようで恐ろしく単調、すぐにほかの曲を弾くように頼んだ。それに続いた歌のいくつかは少々ましで気に入ったが、ただそれだけの話で、音楽の演奏はもうたくさんになり、踊りを見せてもらうことにした。以前試みた素描で、日本の踊りについてはすでに私見を述べておいた(3)。ここで見たものは、われわれが横浜で見ていたのと寸分違わなかった。ふたりのムスメが三人目のムスメのために歌と楽器で伴奏をつとめ、ふたりの若者が部屋の奥においi

てあった太鼓を叩いて恐ろしい音を出した。踊りは、身体を無理に捩《ね》じ曲げたりする一連の動作より成っており、手と腕が主役を演じ、足の方は、裾が長くてすぼまっている着物のために、ほとんど同じ場所に釘付けにされたままだった。

期待をすっかり裏切られ、歌にも踊りにももううんざりだったので、急いでお開きにした。一緒に連れてきた日本人のお伴は非常に不服そうだったが無理もない。酒を少なからず飲んでいい気持になり、たっぷり楽しんでいたからである。新鮮な夜の空気が、ムスメたちの踊りに迷わされて呆然としていたわれわれを目覚めさせてくれた。さっそく陽気なフランスの歌を歌いはじめ、フランスの行進曲のレパートリーを全部やって公使の宿舎にもどってきた。かわいそうな役人たちは、いまだかつて経験したことのないような速度で歩かされた。けれども、フランスの兵士はいつもこうして行進するのだと聞かせると、途中であきらめるわけにもいかなかったようだ。それでも終わりごろになるとついてくることさえ覚束《おぼつか》ず、おたがいに手を取り合って落伍者が出ないようにしていた。

宿舎から二、三分もかからない地点まで来たときだった。突然、すぐ近くで炎が空高く舞い上がるのを目にしたかと思うとたちまち鬼火のように家から家へと燃え移り、何もかも焼き尽くさんという勢いで、一瞬のうちに町の一角を占領してしまった。やがて、炎と競うように何百人もの日本人があちこちから飛び出して集まってきた。みな、燃えにくい生地《きじ》で作った上着と甲形《かぶとがた》の帽子をかぶっていて、波打つ火の海に明るく照らし出されたその姿は、身を焦がされる心配もなく火の中を飛び回る火の精の一団のようだった。こんな火の海に水をかけても骨折り損、かれらは先のとがった鳶口《とびぐち》を振り回し、魔法の杖でも使うようにして一軒また一軒と地面に崩し倒していき、炎が通り越せない境界地帯を作った。

五月一日に行なわれた私的な謁見〔内謁見〕は、前回と同じく、なんの堅苦しい儀式もなく執り行なわれた。午後五時、公使と提督は随員を伴って登場、到着後間もなく、西洋式に準備された大宴会場に案内され、大君が主人役を務めた(4)。大君はフランス料理がたいへんお気に召されたようだったが、ワインの方はほんの少ししか口にしなかった。このお手本はしかし、彼の側近の者たちには見習われることなく、かれらは芳醇なシャンペンのおかげではなはだ上機嫌になった。フランス陸軍士官の立派な制服が同席した日本人に強い印象を与えたようで、大君のお気に入り、マツダイラ・ブゼン・ノカミ〔松平豊前守〕という名の若い大名(5)などは、大砲隊士官の金の飾り房のついた優美なポーランド式長靴にすっかり惚れ込んでしまい、食事の後で士官を隣の部屋に連れ込み、長靴を脱いで自分に試させてくれと頼んだ。はしょっていえば、かれに駄々っ子のようにその長靴をねだられたその士官、名をブリュネといったが、[6]次の日になって長靴を謹んで献上した。この贈物は感謝の念をもって受け取られ、〔和〕服の揃いを一式と、大名の見事な着物〔羽織か〕一枚がお返しに贈られた。ブリュネ中尉はその日の英雄で、上手に絵を描く才能があったところから、大君の横顔をスケッチする許可を得た。大君は公使から皇帝ナポレオンと皇后エウジェニーの写真を贈られ、そのお返しに公使と提督は、大坂城にかかっていた絵のうち、有名な日本人学者の肖像を除く、二枚を贈呈された。いずれも二百年前に板に描かれたもので、たいへん美しく仕上げてあったが、日本人の目には興趣ありげに映っても、われわれ西洋人には当然のことながらそれが伝わってこなかった。まだまだ相当な距離があり、多くの深刻な相違点があるものの、フランス人と日本人との間には心の通い合う共通点がたくさんあることを、新たにしかも親密に確かめ得た、この真に人も羨む日を記念して、われわれ客人のひとりびとりに小さな贈物が与えられた。たいてい銀の煙管か刻み煙草入れ、あるいは絹織物で、どれにもみな干魚を糸状にしたもの〔熨《の》斗鮑《しあわび》〕がつけてあった。日本ではこのおかしなおまけが贈物には必ずつき、贈り主の慎み深さを表わす。魚は、日本人がもともと貧しくみすぼらしい民族であり、それ以外に栄養をとるべきものをもたなかったことを、思い出させてくれるというのである。[7]

正式謁見に定められた日、われわれは大君の宮廷をまったく別の角度から見る機会を得た。式典の詳細なプログラムは前もって作成されており、主客どちらからも綿密な点検がしてあった。朝のうちに提督の旗艦艦長、参謀部長、艦隊司教をはじめとする上級将校が到着し、彼らが加わったことによって、われわれの見栄《みば》えはいっそう際立ったものになった。われわれはすでに能う限りの礼装をし終えて待っていたので、馬の尻尾がなびく熊皮のシャコー帽[8]をかぶった陸軍士官たちとともに、これ以上は公使も提督も望めないほど実に立派な行列を形づくっていた。

行列の先頭は「お山」〔横浜〕の海兵が務め、それに四人の下士官が続き、絹地のクッションの上に、金糸で刺繡をした紅いビロードの紙ばさみに入れられた公使の信任状を捧げ持っていた。その後から公使と提督が、公使の馬車に乗っていく。供まわりつきのその馬車は、四頭立てのパニェ（panier）〔俗に囚人護送車〕で、大君への贈物として横浜から運んできたものだった。われわれその他一同は馬車の後から徒歩で続き、日本人の儀仗兵がしんがりを務めた。われわれの行列を見に何千人もの人々が押し寄せたのはいうまでもない。何ひとつ滞りなく運んだのだが、城の外廓の門まで来て、予想もしていなかった困難にぶつかった。その門は馬車を通すようにはなっておらず、敷居石が高く積まれて道をふさいでいた。馬車を持ち上げて門を抜ける間、公使も提督も馬車を降りなければならなかった。門を通るたびに同じことが繰り返されたが、公使も提督も、内廓まで馬車でゆく権利を認めた式典プログラムを正確に計画通り実行すべく、おそらく辛抱していたにちがいない。われわれは最後の橋を渡って最後の門を通り抜け、城の正門前に達した。そこで例によって何人ものブンジョー〔奉行〕とあらゆる種類の役人たちに出迎えられた。

　われわれは顔見知りの友人たちがなかなか見分けられず、やっとかれらと気づいてその姿を見た瞬間、笑いが込み上げてきてこらえるのにひと苦労した。礼服で着飾っているのを見るのはそれが初めてだったからである。頭のてっぺんに、なんとも奇妙な黒い漆紙で作ったもの〔侍烏帽子〕をのせていた。高さ二、三インチの長方形の箱で、丁髷《ちょんまげ》の終わったところから額にかけての部分をおおい、額のところで角のように空中に突き出ていた。何本もの絹の紐がまわされてあごのところで結んであったが、そうでなかったらとても頭にのせておけるような代物ではなかった。重そうな絹の衣装はたいていが空色で、どれもみな普段の服より明るい色をしていて、肩の部分がいつもより二倍の幅に仕立ててあった[9]。それが腰のところでズボン〔袴〕にはさまれている。ズボンとはいえ、一端が縫い合わされているだけの袋を後ろに一アーレン〔約六十センチ〕ほど引きずって歩くので、これをズボンと呼んで良いかはわからぬが、ともかく今にも転げて地面に鼻を打ちつける心配があったため、一歩ごと慎重に歩を進めなければならない(10)。衣装中、この部分になぜこんなおかしな工夫をしたのか、その理由はおそらく、そうすることで、実際は足で歩いていながらも膝をついて躙《にじ》り歩いているような外見を与えようとしたためにちがいない(11)。腰の帯には例のごとく大小二本の刀と扇子をさしている。ところで日本人はみな、われわれ同様自分たちもその衣装を滑稽だと思っていたようで、おたがいに冷やかし合い、ぴょんぴょんとカエル跳びの真似を何度もしていたが、そのまま続けていれば、いずれ転んで鼻血を出すこと受け合いであった(12)。

そのとき突然何やら音がして、このお遊びはたちまち止められた。全員の顔が一瞬のうちにまじめになり、身体も硬張《こわば》った姿勢をとった。それほどまでに驚異的な影響をもたらしたその音は、「シーッ」というような声で、城の内部の座敷から発せられ、口から口へ、何百人もの宮廷人〔幕閣上層部〕やら兵士やらでいっぱいだった回廊を抜け、つぶやくような囁《ささや》くような慌てた無数の声の交じり合ったものになってわれわれのもとまで達してきたが、やがて城の外廓の方で消え去り、死の沈黙にとって代わられた。止め針一本地に落ちても聞こえただろうと思われる静寂。すぐに大君が大広間でわれわれをお待ちになっている、と伝えられた。

深い沈黙のうちに、われわれは指定された場所まで厳粛なお伴に案内されていった。大君は広間の中央の一段高い所に座っていた。その後ろには、大君の大刀を宙に立てている太刀持ちのほか、三、四人が立っていた。広間の両側には四人の大名が前述した衣装を着けて彫像のように不動の姿勢をとっている。大君も頭に例の箱をのせていたが、色が違っていた。服は金糸の刺繡をほどこした高価な白絹の装束、胸のところでマフ状にふくらませてあり、[13]ズボンは非常にゆったりしていたが足のところまでしか達しておらず、足には白い靴〔足袋〕をはいていた。[14]

近づいていくと大君は起立して、われわれのうやうやしい敬礼に答えた。そして公使がフランス語で挨拶を述べると、その場に列していた通訳によって直ちに日本語に訳された。大君がそれに返礼するに非常に堂々とした威厳をもってし、提督にもひとこと言葉をかけた。提督は即興でそれに短く答える。[15]次に公使が信任状を手渡すと、大君はそれを胸元に差し入れた。そして軍事使節団の士官たちが公使によって紹介され、われわれは提督によって紹介された。それから一同隣の部屋に引き下がったが、そこには新たに高価な贈物が並べてあった。

次の日、四頭の馬をつけた公使の馬車が、そのために特に仕込まれた日本人の御者と騎手ともども大君に差し出された。この贈物は宮廷で大喜びされたが、喜び勇んだ大君のお気に入りの男に酷使され過ぎたために、二、三日のうちにもう壊れて使いものにならなくなってしまった。

もうひとつ、われわれの滞在に花を添えたのは、大君がフランス海兵の訓練の模様を見学したいと申し出てきたことだった。そのため提督はフリゲート艦の約二百名に及ぶ上陸海兵隊を大坂に呼び寄せた。旗をなびかせ奏楽も高らかに入城し、城の中庭で大君の見守る中、訓練を紹介した。大君はたいへん興味深く見学、隊員のひとりを呼び寄せて、軍服に付けられているさまざまな装具について詳しい説明を求めた。音楽にも強い印象を受けたようで、楽器のひとつひとつを調べてみていたが、威厳ある地位にあるという意識さえなかったなら、おそらく試しに音を出してみていただろうと思う。

これで正式謁見の一部始終が終了。われわれもそろそろ飽きはじめていたところだが、読者諸氏にあってはもうとっくに退屈なさっていたにちがいない。式典と並行して同じ程度の熱心さで重大な交渉も進められ、前述した諸市諸港が一八六八年一月一日をもって欧米との貿易のために開市開港され、西洋人の居住が認められるとの結果に達した。(17) 大坂の、外国人に譲られることが決定した区域を訪れて見たところ、〔淀川の〕本流と支流にはさまれてできた半島のような場所で、地の利に恵まれていることがわかった。[18] 目下、一種の兵器庫として使われており、大君の三板が陸に引き揚げられて大きな小屋に入れてあった。そのうちの一隻は歴史的遺物だと紹介された。三百年ほど前に建造され、有名な大君[19]タイコサマ〔太閤様〕に使用されたもので、全長約七十フィート、その建造法は、われわれが河を上るときに使った三板の造り方とそんなに変わりがなかった。違いは、より頑丈に造られ、無類の贅沢品で飾られていた点だけだった。船体そのものは黒い漆を塗った木造、屋形の部分が二階建になってい て部屋がたくさんあり、絵あり青銅の飾りありで見事に装飾をほどこしてあった。大君はこの船を贈物として皇帝ナポレオンに献上しようとしていたらしいが、運送上の問題があったため、あきらめざるを得なかった。

このようにしてわれわれの大坂滞在の目的は無事に果たされた。大君も各国公使も大坂の町を離れ、公使諸氏はふたたび兵庫に集まって、近い将来に西洋人区域となるべき土地を選んだ。五月七日、われわれも出発の用意を完了させ、日本人の友人たちに別れを告げた。これでかれらも肩の荷が下りたことだろうと思う。それまでの数日間、われわれの身の安全が例になく危険にさらされていたからである。大君の最も憎むべき敵、薩摩の領主が、その野蛮さで悪評高かった戦闘的な部下を大勢引きつれて大坂に到着していたのだった。政府〔幕府〕の味方だったフランス人は彼らに敵視されており、多人数の一隊を成していたかれらに通りで何度か出くわしたが、そのたびに不吉きわまりない目つきでわれわれをにらみつけ、切りかかりたくて仕方ないといったような態度を見せていた。幸い衝突はなく、良い思い出ばかりを胸に秘めてこれが最後のイドガワ〔淀川〕を下った。その間、われわれの楽隊の演奏を聴きつけた町の住民が、河岸まで集まってきていた。こう告白するのはつらいことだが、西洋人は、どんなに立派に威厳をもって振る舞っても、その姿は日本人の大笑いの種にしかならないことがだんだんにわかってきた[20]。陽気な大坂っ子にさよならをいったのも、かれらの笑いの渦に巻き込まれながらだった。

原注

（1）私の記憶が確かならば、この額はレジオンドヌールのナイトが年二百五十フラン、士官が五百フラン、指揮官が千フラン、大士官が二千フラン、大十字架が三千フランである。

（2）三弦のギター。

訳注

（1）スエンソンはデンマーク人。フランスとデンマークの文化背景の相違がこんなところにも露出する。

（2）この多分に感情的な記述を読めば、スエンソンがその時点ではまだ叙勲していないことがわかろうというもの。朝鮮遠征で両脚に重傷を負ったにもかかわらず、という苦い体験が抑制された憤りになっているのだろう。

（3）本書第一部第四章を参照のこと。

（4）内謁見は白書院で催され、ロッシュ公使とローズ提督の随員には、ユマン海軍中尉、シャヌワヌ大尉（Charles Sulpice Jules Chanoine 一八三五―一九一五）、デシャルム騎兵中尉（Augustin Marie Léon Descharmes 一八三四―一九一六）、ブリュネ砲兵中尉（Jules Brunet 一八三八―一九一一）がいた。内謁見については篠原宏の前掲書『陸軍創設史』第七章も参照。

（5）松平豊前守信義は一八六六年に死去している。その養子の亀岡藩主、松平信正（一八五二―一九〇九）のこととも思われるが、信正は図書頭であった。

（6）訳注（4）を参照。篠原宏の前掲書の口絵に、長靴をはいたブリュネ砲兵中尉の写真が掲載されている。

ちなみにブリュネ中尉は、後に榎本軍に参加、一八六八年に帰国し、少将にまで昇進した。滞在中に描いた数多くのスケッチが、『函館の幕末・維新　フランス士官ブリュネのスケッチ一〇〇枚』（中央公論社、一九八八年）に収録されている。

（7）俗論か、それとも根拠のあることなのか。

（8）筒形で前立てのついた歩兵帽。

（9）肩衣のことである。

（10）いうまでもなく長袴の描写である。

（11）なかなかうがった見方だが、スエンソンの独創になるかは未詳。

（12）大君のもとでの儀式とはいえ、みな童心をそなえた生身の人間だった。いわゆる歴史的事件には、主人公以外にいつもこうした脇役たちがいた。それが真相なのである。スエンソンは「その他一同」のひとりだったので、ロッシュ公使やローズ提督には見えない部分をも観察することができた。

(13) マフは円筒状毛皮製の手ぬくめで、婦人が両端から手を入れて温めるのに用いた。
(14) 大君は武家の公服、狩衣《かりぎぬ》を着けていた。
(15) 同年同時期に西周《あまね》が慶喜にフランス語を教えていたといわれているが、まだ初心者の大君には、提督の挨拶の一部でさえ理解するまでには至っていなかっただろう。
(16) 前述の松平豊前守であろう。本章訳注(5)を参照。
(17) この時点では内定のみ。幕府の布告は七月七日。
(18) 川口居留地であろう。
(19) 大君は、大将軍の意として使われている。
(20) こうして本音を吐けるスエンソンの率直さが、かれの叙述に真実味を与える根拠のひとつになっている。と同時に、日本人が「他所者《よそもの》」や「異形《いぎょう》の者」と対処するときに見せる反応の仕方の今に変わらぬ特色を指摘していて興味深い。そこには異文化間交流初段階の実際、その生々しい現実が露出されているからである。

帰国後のスエンソン

一八六七年、大坂での滞在を終えたスエンソンはラ・ゲリエール号でいったん長崎に向かい、同地にしばらく滞在したのち、六月に横浜に引き返し、翌七月に上海行きの郵便船ファーズ号に乗船して日本を後にした。スエンソンは上海から太平洋を横断し、世界一周を果たして一八六八年に帰国する。

ふたたびデンマーク海軍に帰属することになったスエンソンは一八六八年刊の「海軍雑誌」に〈日本海域に関する諸情報〉と題して論文を発表、一八六六年八月、デュプレ号で上海から横浜に向かった航海から始めて、郵便船ファーズ号で一八六七年七月に上海に向けて航海した時点までの、上記の船のほかに、コルヴェット艦ラプラス号、フリゲート艦ラ・ゲリエール号上での航海もふくめて都合十一回にわたる日本の海域の航海について細かな観察を報告している。地形はもちろん、潮流・気候に関する情報、長崎・横浜・大坂（和泉灘）・兵庫の港湾状況が、スエンソンの実地の観察をもとに詳しく紹介されている。この論文の延長として本書の原本である〈日本素描〉と題されたエッセイが、コペンハーゲンで発行されていた雑誌「世界各国より」に一八六九年から七〇年にかけて連載され、好評を呼んで話題となったのである。一八七〇年、スエンソンは時の海軍大臣ロースリョフ（一八一五―八三）の副官となり、ティットゲン（一八二九―一九〇一）に引き合わされた。大北電信会社を一八六九年に創立していたティットゲンは一八七〇年に姉妹会社大北中日電信会社を設立し、中国と日本への進出を具体化させていた。その期に当たってティットゲンは、スエンソンを説得し、海軍省より休暇をとらせ、ウラジオストック―上海―長崎間に海底電信線を敷設する事業の采配をとらせるべく東洋に派遣したのである。

スエンソンは同年七月から八月にかけて再度日本を訪れ、日本へ海底ケーブル線を陸揚げする許可を取り付ける使命を帯びてデンマーク国特命全権公使として来日していたシッキ（一八一五―八四）を補佐した。スエンソンは四月にコペンハーゲンを出発して五月半ばに香港に到着し、同地への海底電信線陸揚げの許可を得たのちに上海に向かい、そこですでに予備交渉をすませてきた上での来日であった。

シッキはデンマーク政府の代表として、スエンソンは大北電信会社の代表として、沢宣嘉《さわのぶよし》外務卿と寺島外務大輔《たいふ》を相手に交渉に当たった。そして「丁抹《デンマーク》トノ海底電線陸揚ニ関スル約定書」が九月に調印された（この項、詳しくは拙稿〈大北電信会社の日本進出とその背景――シッキ公使の来日――〉、「日本歴史」五六七号、一九九五年八月号所収を参照)。

約定書締結後に一時帰国したスエンソンは、日本のみならず清国での電信線陸揚げの責任者として多忙をきわめた。翌一八七一年の三月から四月にかけて再度日本を訪れ、長崎での海底電信線陸揚げを監督し、電信所設立の準備を行なった。長崎からさらに横浜、東京を訪れ、前年の約定締結の際に世話になった大臣、参議の諸氏に、大北電信会社を代表して贈答品を届けている。沢外務卿と大隈参議にはトルコ製の絨緞《じゅうたん》が、寺島外務大輔と副島参議には金時計が贈られた。

その間、さまざまな困難のために遅れ気味であった電信線敷設作業も、まず香港―上海線が一八七一年四月に開通、つづいて上海―長崎線が八月に開通した。長崎―ウラジオストック線は海底線の敷設は八月末に終了したが、シベリア線の工事が遅れていたために全線の工事が完了したのが十一月、極東電信網がことごとく開通したのは一八七二年一月一日のことであった。こうして日本は、デンマーク大北電信会社の敷設した海底電信線によって世界につながれることになったのである。

また、一八七一年のうちにスエンソンは、ローマで開かれた国際電信会議に出席していた日本代表塩田三郎(一八四三―八九)に助言を与え、力を貸していた。本書にも登場するフランス語に長《た》けた有能な青年官僚で、岩倉使節団の団員としてコペンハーゲンにも訪れており、外務省でも出世して一八八二年から八九年まで中国公使を務めた。

極東での任務を終えて帰国したスエンソンは、本書の原本が発表されたのと同じ雑誌「世界各国より」の一八七三年版に〈東アジアにおけるデンマークの電信敷設〉と題する長文の論文を発表した。これは単なる事業報告ではなく、電信という画期的な通信手段がもたらすべき明るい未来を展望しつつ、使命感にあふれたスエンソンが綴った、デンマーク国民を鼓舞するすぐれた論文だった。

スエンソンはいう。つい数年前まではデンマーク人にとって空想とお伽の国でしかなかった東洋の国々と、通信のおかげでおたがいの考えること、感じるところをいち早く知らせ合えるようになったと。そこまではどこの国であろうとこうむることのできる恩恵なのだが、その電信線がデンマークの大北電信会社によって敷設されたことには国家的な意義があった。

オランダ留学中の榎本武揚《たけあき》も観戦した一八六四年の対オーストリア・プロシア戦に敗れたデンマークは、国全体がすっかり沈滞しきっていた。その敗色におおわれた国のムードを一新すべく大北電信会社がティットゲンにより設立され、官民一体となって上昇気運が演出されていたのである。ティットゲンの右腕としてスエンソンは、論文の中で悲壮感さえ漂わせて訴えかける。東洋における大北電信会社の成功いかんは、デンマークがヨーロッパの忘れられた国となり、名のみ残して憐れまれるだけとなるか、それとも優れた能力と強い意志のある国であることを誇示し、ここに奮い立って文明の進歩に貢献して世界の歴史に寄与できるかどうか、国の命運をかけるものであると。そして、ここが大事な点なのであるが、スエンソンは、デンマークは電信線の敷設によって東洋の幾千年にも及ぶ歴史の一ページに、それまでに西洋の列強諸国が行なってきたような血腥《ちなまぐさ》い暴力をふるった国としてではなく、深慮と善意をもって東洋の発展を促した国として記憶されるであろうと力説するのである。

かつてはヴァイキング時代以来、スカンディナヴィアを中心に西はイギリスばかりでなくブルターニュ、東はバルト海沿岸諸国、南はアルプスを越えてイタリアにまで及ぶヨーロッパ全域に勢力を拡張したことのあるデンマークが、一八六四年の敗戦によって列強大国に囲まれる小国の地位に甘んじざるを得なくなった。ところが今、デンマークが小国のままにしろ自信に満ちて生き延び、外圧から独立を守り得る条件が整いつつある。大北電信会社が東洋で成し遂げ、さらに進展させようとしている一大事業は、まさにそのシンボルである。そうスエンソンは自覚していた。

ちなみにスエンソンは、自分が一八六六年から六七年にかけて滞在したときに、日本がまさにこの小国の運命を強いられていたのをつぶさに観察していたのである。

岩倉使節団が一八七三年四月にデンマークを訪れたときに最も感銘を受けたのがこの小国デンマークの不屈の魂と頑強な兵士たちであったし、のちに内村鑑三が『デンマルク国の話』の中で賞賛し、学びとろうとしたのも、国敗れうちひしがれた小国デンマークが、植林を通じて国土の復興をはかり、それとともに民心を豊かにしていった気力と活動力だった。

スエンソンは電信事業を通じて日本とデンマーク、東西の小国ながら優れた国どうしの間に親和的な交流が結ばれるのを望んでいたらしく思われる。ところが周知のように日本はその後プロシアを模範にとり、小国意識を脱して形だけはともかく大国への道を歩みはじめた。明治政府の電信政策もそれにともなって自立をめざすようになり、ちょうど御雇外国人がそれぞれの部門で日本人の専門家が育つや否やお払い箱となっていったように、大北電信会社の影響から脱する方策を探すようになるのである。

一八七三年、前年に改編されていた大北電信会社の部長に昇格していたスエンソンは、翌一八七四年に常務、そして一八七七年には取締役社長に就任し、一九〇八年まで務めていたが、その間にスエンソンが最高責任者の大北電信会社は、国際電信に関する不平等な協定の改定を要求する日本政府と再三交渉をもつこととなった。

交渉の過程は花岡薫著『海底電線と太平洋の百年』（日東出版社、一九六八年）に詳しいが、まず、一八七八年三月にそれまで横浜では大北電信会社の代理店によって、神戸ではなんとデンマーク領事館によって受付と配達が行なわれていた電報業務を廃止し、日本の電信を正式に開業する旨の協定が結ばれた。同月二十五日、東京築地に電信中央局が落成、日本帝国電信開業式が催され、国内における国際電報取扱業務は日本政府の手に移ったものの、大北電信会社長崎局については当初の協定が無修正のまま継続され、一九一三年八月の修正免許状調印のときまで持ち越された。

その間に朝鮮における日本と中国間での対立が先鋭化し、朝鮮に向けての通信連絡が必要度を増していた最中の一八八二年七月に壬午《じんご》の変が勃発、日朝間海底電信線の敷設が切望されたが、日本政府は技術的にも財政的にも困難な状態におかれていたため、大北電信会社に頼らざるを得なかった。そうした背景のもと、日朝間海底電信線敷設を交換条件として、大北電信会社は日本からアジア大陸及びその近隣地域、すなわち台湾、香港、フィリピン群島への通信路を独占する権限を獲得したのだった。独占権は、一八八三年より一九一二年まで三十年間有効である旨、修正免許状に規定された。

スエンソン率いる大北電信会社はこうして帝国日本の大陸進出政策の一翼を担うべき通信という重大部門に、間接的、技術的であるにしろ関与することになった。しかしそれはまた、海外通信事業を自国の利益にかなうように促進させたかった日本にとって、足枷《あしかせ》ともなった。ちなみにスエンソンは、明治政府より一八八三年に勲三等旭《きょく》日《じつ》中綬章を授与されている。

壱岐《いき》、対馬《つしま》を経由して釜山《プサン》を結ぶ海底電信線の敷設は速やかに進行し、一八八三年十一月に工事完了、翌一八八四年二月に運用が開始された。その後も一八八四年に甲《こう》申《しん》事変が起こり、日本と清国が朝鮮からの同時撤兵を約した一八八五年の天津条約締結を経て、朝鮮をめぐる状況が緊迫化するなか、日朝間の通信が国防上の重大事であることがあらためて認識されていった。時は鹿鳴館時代、一八八五年に内閣制度が置かれ、一八八六年からは条約改正会議が進められていた。一八八九年には大日本帝国憲法が公布され、第一回総選挙が行なわれて第一回議会が召集された。

一八九〇年十一月、日本政府は若宮正音以下の代表団を上海に送り、大北電信会社の中国及び日本総支配人へニングセンを相手に、日朝間電報の取り扱い条件と料金について同社はいっさい介入しないこと、それを受け入れない場合は海底線を日本へ売却すべきであると主張する強硬な交渉を行なわせた。

コペンハーゲン本社社長スエンソンは、当初は日本側の要求を拒否するよう電報で指令していたが、結局は妥協して、壱岐、対馬までの海底線を売却することに同意、日朝間の電信も完全に日本電信系に編入されることになった。スエンソンの譲歩により、日本の朝鮮進出はまた一歩大きく前進したわけである。一八九一年三月、日本政府と大北電信会社との間で正式に協定が結ばれ、同年スエンソンは、勲二等瑞宝《ずいほう》章を明治政府より受章した。

さらに日清戦争勃発直前の一八九三年、日本は大北電信会社と対馬—釜山間海底線買収交渉を行ない、協議はほぼまとまっていたのであるが、日本と清国双方に利害関係のある大北電信会社は、土壇場で協定調印を取り消しにした。

一八九五年、日清戦争に勝利した日本は大陸への拡張政策を着々と推進していき、その間に朝鮮は一八九七年に国名を韓国と改めるなどして、日本の朝鮮半島における足場はますます強固なものになりつつあったが、あらたにロシアと衝突することとなった。

そして、対露関係が悪化し、戦争が不可避になろうとしていた一九〇三年に、日本政府は懸案であった対馬—釜山間海底線の買収を再開するのであるが、ロシアとも利害関係にあった大北電信会社は交渉に応じようともしなかった。その結果、日本は日清戦争時のみならず日露戦争のときさえ、軍事上きわめて重大な通信の一部を大北電信会社に依存しつつ戦わなくてはならなかったのである。

一九〇五年に日露講和条約と日韓条約が調印されて韓国統監府が設置され、やがて日本が韓国の外交権のみならず内政全般にわたって干渉するようになり、遂には一九一〇年に韓国を併合するに至って対馬—釜山間海底線の譲渡問題は難なく解決され、同年十一月に協定が成立した。

日本側の次の課題は、台湾、旧満州（中国東北部）はもとより、アジア大陸の全域に及ぶ対外通信活動の急所を、長崎を拠点にして把握していた大北電信会社の支配力から脱出し、広域にわたる独自の通信ネットワークをいかに確立するかであった。そのための交渉は、大北電信会社の独占権が期限切れとなる一九一二年末を待たずに、すでに一九〇七年から始められていたが、スエンソンは一九〇八年の時点で現役社長を引退し、長男のカイ・スエンソン（一八七二—一九五四）が社長職を受け継いでいた。

こうして、明治維新前夜に日本を訪れ、その印象記を執筆したことが縁で大北電信会社の要員として迎え入れられ、やがて社長となり、明治政府の進めた植民地主義的な近代化政策に電信の部門で陰に陽に関与し続け、日清・日露の両戦争中も少なからぬ役割を果たしていたスエンソンは、一九二一年、七十九歳で亡くなった。日本との縁が切れることのない生涯であった。

原本訳者あとがき

ここに訳出したのは、王政復古直前の激動期の一八六六年から六七年にかけて、フランス海軍の士官として横浜、兵庫、大坂を訪れたデンマーク人、エドゥアルド・スエンソン（Edouard Suenson, 一八四二―一九二一）の見聞記『日本素描』（Skitser fra Japan）の完訳である。原著は雑誌「世界各国より」（Fra Alle Lande）の一八六九年から七〇年にかけ、全二部十一章の構成で、七回に分けて発表された。雑誌掲載の背景には、一八六七年初頭に徳川幕府が締結した十一番目で最後の修好通商条約が日丁間で調印されたことと、一八六九年にデンマークで大北電信会社が設立され、ウラジオストック―上海―長崎を結ぶ海底電信回線の大事業が実行に移され、日本を含めて極東に対するデンマークの関心が異常に高まっていた事実があった。また、スエンソン自身、一八七〇年には時のデンマーク産業界の大御所ティットゲン（Carl Frederik Tietgen, 一八二九―一九〇一）に説得されて大北電信会社に入社し、中国、日本における事業の経営を一任されていた。明治の初年、文明開化の日本を電信がいち早く世界につないだが、この画期的なコミュニケーション手段を敷設し、長崎に電信局を開設して電信技術を日本人に指導したのがデンマーク人だったことは銘記しておいて良い。日丁交流史は、明治期に入って、大北電信会社なしには語れないほどである。ちなみにスエンソンは一八七三年に帰国して以後昇進を重ね、一八七七年には重役に就任、一九〇八年まで重職にあった。また、明治二十四年二月二十六日には、明治政府より勲二等瑞宝章を受けている。

スエンソンは海軍中将を父にもち、自らも海軍軍人の道を選んだ。出世街道を歩むデンマークの職業軍人の常としてフランス海軍に修行に出、一八六五年に地中海から東アジアに派遣された。インドシナでの演習を終えるとローズ少将の指揮下、中国経由で日本を訪れることになる。そして一八六六年夏から翌年春にかけてロッシュ公使の近辺で貴重な見聞をし、その記録を『日本素描』と題して帰国後にまとめたのだった。

サイゴンから上海を経て横浜へ来航したのが八月十日、港には列強の軍艦が停泊してものものしく、凶作のために一揆や打ちこわしが相次ぐという、政情ははなはだ不安定な維新前夜の日本だったが、スエンソンは好奇心のかたまりとなって横浜や大坂の町を歩きまわり、人類学者のような目でもって人々を観察した。ただ受動的に眺めていただけではない。この高貴なる教養人はやがて、稚拙ながら体験を体系化する作業に取り組んだ。日本人の特質を抽出し、人々の行動の裏に制度を見すえ、さらに、それを支えているはずの宗教にまで興味を抱くようになる。方法論としては紋切型、月並といえなくもなく、いわゆるデータなど、ルドルフ・リンダウの同種の見聞記『日本周遊旅行』（森本英夫訳『スイス領事の見た幕末日本』、新人物往来社、一九八六年）に依拠した部分も少なくないが、それ以外は借り物でなく、自分の判断だけを頼りに日本という国、日本という現象をとらえようとしているところに新鮮さがある。

九月になると香港から指令が届き、横浜のフランス海軍は軍艦二隻で中国に向かって出発する。周防灘《すおうなだ》を抜け、下関を通過するときにちょっとしたエピソードがあったが、長州藩より石炭の補給を受けて先を急いだ。目的は朝鮮遠征だった。フランス海軍は江華島を占領するがやがて撃破され、スエンソンも両脚にかなりの重傷を負ったが、同年十一月、長崎経由で横浜に無事帰還した。

一、二ヵ月平穏な毎日が続き、スエンソンは遊廓岩亀楼を見学、郊外も訪れ、鎌倉へ行って大仏も見た。一見平和なようであったが、それは表面だけのこと、嵐の前の静けさだった。この激動期に将軍家茂が没し、孝明天皇も没して政局は不安定をきわめていた。新将軍に慶喜が決まると、幕府はフランス式の陸軍を日本に創設する方針を立て、一八六七年一月半ばにはフランス軍事使節団が招かれた。フランス海軍技師の指導のもと、横須賀製鉄所（造船所）の建設も進んでいた。二月には弱冠十五歳の徳川昭武がパリ万国博覧会出席のためにフランスの郵便船で横浜を出港した。ロッシュ公使を筆頭に幕府援助に全力を尽くしていたフランス側の内情をつぶさに観察できる立場にいたスエンソンは、付添武官としてやがて大坂城中白書院《しろじょいん》で大君慶喜に謁見する機会も得た。

スエンソンは、日本でロッシュ公使に接してその陽気さと機知に深く感銘した。色彩豊かな比喩にアラビアのことわざを織り交ぜた味わい深い会話は人の心を動かさずにはおかない。栗本鋤雲はロッシュのことばをしきりに書きとめていた。栗本ほか、親しくつきあっていた外国奉行の面々の横顔だけでなく、板倉勝静をはじめ老中たちの外見、容姿についても、あけすけな感想が述べられる。スエンソンの目には王者の容貌をそなえていると映った大君はまず、フランス海軍の朝鮮遠征を話題にした。大君は、大砲等の武器に関する豊富な知識を披露してフランスの士官を驚かせる。この会談の眼目が幕府の援助、特にフランスからの武器の調達にあったことはいうまでもない。

また、五月に慶喜が四ヵ国公使と大坂で謁見を行なった折の論題は、大坂、兵庫等の開市開港であった。大君が兵庫開港を約して会談は一応成功する。堅苦しい儀式の合い間には和やかな息抜きもあり、スエンソンは式典のほほえましい舞台裏も紹介している。しかし、大坂にはすでに薩摩の兵士が到着していた。殺意さえ感じられる大坂の町の不穏な空気の中、人々の哄笑に送られながら、任務を終えたスエンソンの一行は淀川を下る。

スエンソンはさらに、言葉がよくわからないにもかかわらず同じ大坂で鑑賞した芝居についても簡単に印象を述べている。芝居のみならず、大君から賜った工芸品の類などを通じて日本の芸術・美術にも興味を示し、スエンソンの好奇心は飽くところを知らない。

その基底には、単なる差異の認識とか、差異があるゆえの軽蔑とかではなく、相手を知ろうとする純粋な意志が働いていた。観察の幅広さと正確さではなく、その洞察力と素直で批判的な記述をもってスエンソンの本領とすべきだろう。ここには幕末維新期の日本社会の内幕を伝える生の資料がある。実際の体験から執筆まであまり時間が経っていないために、後代のいわゆる客観的な解釈や理由づけを免れ、史的因果関係の説明がほどこされていない事件のひとこまひとこまが並べられている。

スエンソンは鎖国が悲劇であると見てはいないし、日本独自の科学の進歩、教育水準の高さを評価、昨今の日本人論者を喜ばせるような観察をしているかと思えば、日本女性を細やかに描写、その自然な美しさを称えるあまり、日本の男が女好きになるのも無理はないなどと結論する。と同時に、人目もはばからずに肌を脱いで化粧をする、混浴はする、身持ちも悪いといって日本女性を非難する西洋男の野卑さ加減を痛烈に暴露する。無知で頽廃をきわめている僧侶を告発する一方で、仏教もキリスト教も区別しない日本人の宗教心の赤裸々な一面にあきれてしまうのもスエンソンである。

『日本素描』は北欧人のスエンソンがフランス文化のプリズムを通して異文化の国日本に接した記録である。不正確不充分な記述があるにしろ、日丁交流史の一資料としてだけでなく、広く幕末維新史研究、比較文化の資料としても読まれることを願ってやまない。

訳者

一九八八年八月二十一日
エルシノア

KODANSHA

本書は、一九八九年二月、新人物往来社刊行の『江戸幕末滞在記』を底本としました。

E. スエンソン（Edouard Suenson）
1842年デンマーク生まれ。フランス海軍士官，デンマーク海軍大臣副官を経て大北電信会社社長。『日本素描』等，日本に関する著書・論文多数。勲二等瑞宝章受章。1921年没。

長島要一（ながしま　よういち）
1946年東京生まれ。1982年コペンハーゲン大学よりPh.D.取得。現在，同大学アジア研究所所長。専門は日本近・現代文学・文化史。著書に『森鷗外の翻訳文学』『明治の外国武器商人』“Return to Japan”（編著）“Iwano Homei's Theory of Literature”などがある。

講談社学術文庫

定価はカバーに表示してあります。

江戸《えど》幕末《ばくまつ》滞在《たいざい》記《き》

E. スエンソン／長島要一《ながしまよういち》 訳

2003年11月10日　第1刷発行
2021年6月22日　第12刷発行

発行者　鈴木章一
発行所　株式会社講談社
東京都文京区音羽 2-12-21 〒112-8001
電話　編集（03）5395-3512
販売（03）5395-4415
業務（03）5395-3615

装　幀　蟹江征治
印　刷　豊国印刷株式会社
製　本　株式会社国宝社

ISBN4-06-159625-X

「講談社学術文庫」の刊行に当たって

これは、学術をポケットに入れることをモットーとして生まれた文庫である。学術は少年の心を養い、成年の心を満たす。その学術がポケットにはいる形で、万人のものになることは、生涯教育をうたう現代の理想である。

こうした考え方は、学術を巨大な城のように見る世間の常識に反するかもしれない。また、一部の人たちからは、学術の権威をおとすものと非難されるかもしれない。しかし、それはいずれも学術の新しい在り方を解しないものといわざるをえない。

学術は、まず魔術への挑戦から始まった。やがて、いわゆる常識をつぎつぎに改めていった。学術の権威は、幾百年、幾千年にわたる、苦しい戦いの成果である。こうしてきずきあげられた城が、一見して近づきがたいものにうつるのは、そのためである。しかし、学術の権威を、その形の上だけで判断してはならない。その生成のあとをかえりみれば、その根は常に人々の生活の中にあった。学術が大きな力たりうるのはそのためであって、生活をはなれた学術は、どこにもない。

開かれた社会といわれる現代にとって、これはまったく自明である。生活と学術との間に、もし距離があるとすれば、何をおいてもこれを埋めねばならない。もしこの距離が形の上の迷信からきているとすれば、その迷信をうち破らねばならぬ。

学術文庫は、内外の迷信を打破し、学術のために新しい天地をひらく意図をもって生まれた。文庫という小さい形と、学術という壮大な城とが、完全に両立するためには、なおいくらかの時を必要とするであろう。しかし、学術をポケットにした社会が、人間の生活にとってより豊かな社会であることは、たしかである。そうした社会の実現のために、文庫の世界に新しいジャンルを加えることができれば幸いである。

一九七六年六月

野間省一

外国人の日本旅行記

ニコライ著／中村健之介訳
ニコライの見た幕末日本

幕末・維新時代、わが国で布教につとめたロシアの宣教師ニコライの日本人論。歴史・宗教・風習を深くさぐり、鋭く分析して、日本人の精神の特質を見事に浮き彫りにした刮目すべき書である。本邦初訳。

393

B・タウト著／森 儁郎《としお》訳（解説・持田季未子）
ニッポン

憧れの日本で、著者は伊勢神宮や桂離宮に清純な美の極致を発見して感動する。他方、日光陽明門の華美を拒みその後の日本文化の評価に大きな影響を与えた。世界的な建築家タウトの手になる最初の日本印象記。

1005

B・タウト著／森 儁郎《としお》訳（解説・佐渡谷重信）
日本文化私観

世界的建築家タウトが、鋭敏な芸術家的直観と秀徹した哲学的瞑想とにより、神道や絵画、彫刻や建築など日本の芸術と文化を考察し、真の日本文化の将来を説く。名著『ニッポン』に続くタウトの日本文化論。

1048

R・フォーチュン著／三宅 馨訳（解説・白幡洋三郎）
幕末日本探訪記 江戸と北京

世界的プラントハンターの幕末日本探訪記。英国生まれの著名な園芸学者が幕末の長崎、江戸、北京を訪問。珍しい植物や風俗を旺盛な好奇心で紹介し、桜田門外の変や生麦事件の見聞も詳細に記した貴重な書。

1308

H・シュリーマン著／石井和子訳
シュリーマン旅行記 清国・日本

シュリーマンが見た興味尽きない幕末日本。世界的に知られるトロイア遺跡の発掘に先立つ世界旅行の途中で、日本を訪れたシュリーマン。執拗なまでの探究心と旺盛な情熱で幕末日本を活写した貴重な見聞記。

1325

A・B・ミットフォード著／長岡祥三訳
英国外交官の見た幕末維新 リーズデイル卿回想録

激動の時代を見たイギリス人の貴重な回想録。アーネスト・サトウと共に江戸の寺で生活をしながら、数々の事件を体験したイギリス公使館員の記録。徳川幕府崩壊の過程を見すえ、様々な要人と交った冒険の物語。

1349

日本人論・日本文化論

葉隠《はがくれ》　武士と「奉公」
小池喜明著
泰平の世における武士の存在を問い直した書。「葉隠」は武士の心得について、元佐賀鍋島藩士山本常朝の語りをまとめたもの。儒教思想を否定し、武士の奉公は主君への忠誠と献身の態度で尽くすことと主張した。
1386

果てしなく美しい日本
ドナルド・キーン著／足立　康訳
若き日の著者が瑞々しい感覚で描く日本の姿。緑あふれ、伝統の息づく日本に思いを寄せて描き出した昭和三十年代の日本。時代が大きく変化しても依然として変わらない日本文化の本質を見つめ、見事に剔り出す。
1562

菊と刀　日本文化の型
R・ベネディクト著／長谷川松治訳
菊の優美と刀の殺伐――。日本人の精神生活と文化を通し、その行動の根底にある独特な思考と気質を抉剔する、不朽の日本論。「恥の文化」を鋭く分析し、日本人とは何者なのかを鮮やかに描き出した古典的名著。
1708

「縮み」志向の日本人
李御寧《イーオリヨン》著（解説・高階秀爾）
小さいものに美を認め、あらゆるものを「縮める」ところに日本文化の特徴がある。入れ子型、扇子型、折詰め弁当型、能面型など「縮み」の類型に拠って日本文化を分析、「日本人論中の最高傑作」と言われる名著。
1816

「日本人論」再考
船曳建夫著
明治以降、夥しい数の日本人論が刊行されてきた。『武士道』『菊と刀』『「甘え」の構造』などの本はなぜ書かれ、読まれ、好評を博すのか。2000超の日本人論の構造を剔出し、近代日本人の「不安」の在処を探る。
1990

武士道
相良　亨著
侍とはいかなる精神構造を持っていたのか？主従とは、死とは、名と恥とは……『葉隠』『甲陽軍鑑』『武道初心集』『山鹿語類』など武士道にかかわる書を読み解き、日本人の死生観を明らかにした、日本思想史研究の名作。
2012

哲学・思想・心理

佐藤一斎著／川上正光全訳注
言志四録《げんししろく》（一）～（四）
江戸時代後期の林家の儒者、佐藤一斎の語録集。変革期における人間の生き方に関する問題意識で貫かれた本書は、今日なお、精神修養の糧として、また処世の心得として得難き書と言えよう。（全四巻）
274～277

吉田松陰《しょういん》著／近藤啓吾全訳注
講孟箚記《こうもうさつき》（上）（下）
本書は、下田渡海の挙に失敗した松陰が、幽囚の生活の中にあって同囚らに講義した『孟子』各章に対する彼自身の批判感想の筆録で、その片言隻句のうちに、変革者松陰の激烈な熱情が畳み込まれている。
442・443

宇野哲人《うのてつと》著（序文・宇野精一）
論語新釈
「宇宙第一の書」といわれる『論語』は、人生の知恵を滋味深く語ったイデオロギーに左右されない不滅の古典として、今なお光芒を放つ。本書は、中国哲学の権威が詳述した、近代注釈の先駆書である。
451

下村湖人《こじん》著（解説・永杉喜輔）
論語物語
『論語』を心の書として、物語に構成した書。人間味あふれる孔子と弟子たちが現代に躍り出す光景が、みずみずしい現代語で描かれている。『次郎物語』の著者の筆による、親しみやすい評判の名著である。
493

橋本左内《さない》著／伴　五十嗣郎全訳注
啓発録《けいはつろく》　付　書簡・意見書・漢詩
明治維新史を彩る橋本左内が、若くして著した『啓発録』は、自己規範・自己鞭撻の書であり、彼の思想や行動の根幹を成す。書簡・意見書は、世界の中の日本を自覚した気宇壮大な思想表白の雄篇である。
568

諸橋轍次著
孔子・老子・釈迦「三聖会談」
孔子・老子・釈迦の三聖が一堂に会し、自らの哲学を語り合うという奇想天外な空想鼎談。三聖の世界観や人間観、また根本思想や実際行動が、比較対照的に鮮やかに語られる。東洋思想のユニークな入門書。
574

《講談社学術文庫　既刊より》

哲学・思想

プラトン著／三嶋輝夫訳
プラトン対話篇ラケス　勇気について

プラトン初期対話篇の代表的作品、新訳成る。「勇気とは何か」「言と行の関係はどうあるべきか」を主題に展開される問答。ソクラテスの徳の定義探求の好例とされ、構成美にもすぐれたプラトン初学者必読の書。

1276

金谷　治著
老子　無知無欲のすすめ

無知無欲をすすめる中国古典の代表作『老子』。無為自然を尊ぶ老子は、人間が作りあげた文化や文明に懐疑を抱き、鋭く批判する。「文化とは何か」というその本質を探り、自然思想を説く老子を論じた意欲作。

1278

浅野裕一著
孫子

人間界の洞察の書『孫子』を最古史料で精読。春秋時代末期に書かれ、兵法の書、人間への鋭い洞察の書として名高い『孫子』を新発見の前漢末の竹簡文をもとに解読。組織の統率法や人間心理の綾など詳細に説く。

1283

鷲田清一著
現象学の視線　分散する理性

生とは、経験とは、現象学的思考とは何か。〈経験〉を運動として捉えたフッサール、変換として捉えたメルロ＝ポンティ。現代思想の出発点となった現象学の核心を読み解き、新たなる可能性をも展望した好著。

1302

廣川洋一著
ソクラテス以前の哲学者

ヘシオドス、タレス、ヘラクレイトス……。ソクラテス以前の哲学は、さまざまな哲学者の個性的な思想に彩られていた。今日に伝わる「断片」の真正の言葉のうちに、多彩な哲学思想の真実の姿を明らかにする。

1306

上山安敏《うえやまやすとし》著
魔女とキリスト教　ヨーロッパ学再考

魔女の歴史を通じてさぐる西洋精神史の底流。魔女像の変遷、異端審問、魔女狩りと魔女裁判、ルネサンス魔術、ナチスの魔女観……。キリスト教との関わりを軸に、興味深い魔女の歴史を通観した画期的な魔女論。

1311

文化人類学・民俗学

宮本常一著（解説・田村善次郎）

塩の道

本書は生活学の先駆者として生涯を貫いた著者最晩年の貴重な話――「塩の道」「日本人と食べ物」「暮らしの形と美」の三点を収録。独自の史観が随所に読みとれ、宮本民俗学の体系を知る格好の手引書。

677

C・レヴィ＝ストロース著／室　淳介訳

悲しき南回帰線《みなみかいきせん》（上）（下）

「親族の基本構造」によって世界の思想界に波紋を投じた著者が、アマゾン流域のカドゥヴェオ族、ボロロ族など四つの部族調査と、自らの半生を紀行文の形式でみごとに融合させた「構造人類学」の先駆の書。

711・712

宮本常一著（解説・田村善次郎）

民間暦《みんかんれき》

民間に古くから伝わる行事の底には各地共通の原則が見られる。それらを体系化して日本人のものの考え方、労働の仕方を探り、常民の暮らしの折り目をなす暦の意義を詳述した宮本民俗学の代表作の一つ。

715

宮本常一著（解説・山崎禅雄）

ふるさとの生活

日本の村人の生き方に焦点をあてた民俗探訪。祖先の生活の正しい歴史を知るため、戦中戦後の約十年間にわたり、日本各地を歩きながら村の成立ちや暮らしの仕方、古い習俗等を丹念に掘りおこした貴重な記録。

761

宮本常一著（解説・田村善次郎）

庶民の発見

戦前、人々は貧しさを克服するため、あらゆる工夫を試みた。生活の中で若者をどう教育し若者はそれをどう受け継いできたか。日本の農山漁村を生きぬいた庶民の内側からの目覚めを克明に記録した庶民の生活史。

810

折口信夫著（解説・岡野弘彦）

日本藝能史六講《にほんげいのうしろっこう》

まつりと神、酒宴とまれびとなど独特の鍵語を駆使して藝能の発生を解明。さらに田楽・猿楽から座敷踊りまで日本の歌謡と舞踊の歩みを通観。藝能の始まりと展開を平易に説いた折口民俗学入門に好適の名講義。

994

文化人類学・民俗学

山折哲雄著
仏教民俗学
日本の仏教と民俗は不即不離の関係にある。日本人の生活習慣や行事、民間信仰などを考察しながら、民衆に育まれてきた日本仏教の独自性と日本文化の特徴を説く。仏教と民俗の接点に日本人の心を見いだす書。

1085

宮本常一著（解説・神崎宣武）
民俗学の旅
著者の身内に深く刻まれた幼少時の生活体験と故郷の風光、そして柳田國男や渋沢敬三ら優れた師友の回想など生涯にわたり歩きつづけた一民俗学徒の実践的踏査の書。宮本民俗学を育んだ庶民文化探求の旅の記録。

1104

小松和彦著（解説・佐々木宏幹）
憑霊《ひょうれい》信仰論
日本人の心の奥底に潜む神と人と妖怪の宇宙。闇の歴史の中にうごめく妖怪や邪神たち。人間のもつ邪悪な精神領域へ踏みこみ、憑霊という宗教現象の概念と行為の体系を介して民衆の精神構造＝宇宙観を明示する。

1115

吉野裕子著（解説・村上光彦）
蛇　日本の蛇信仰
古代日本人の蛇への強烈な信仰を解き明かす。注連縄・鏡餅・案山子は蛇の象徴物。日本各地の祭祀と伝承に鋭利なメスを加え、洗練と象徴の中にその跡を隠し永続する蛇信仰の実態を、大胆かつ明晰に論証する。

1378

筑紫申真著（解説・青木周平）
アマテラスの誕生
皇祖神は持統天皇をモデルに創出された！　壬申の乱を契機に登場する伊勢神宮とアマテラス。天皇制の宗教的背景となる両者の生成過程を、民俗学と日本神話研究の成果を用いダイナミックに描き出す意欲作。

1545

赤坂憲雄著（解説・小松和彦）
境界の発生
現今、薄れつつある境界の意味を深く論究。生と死、昼と夜などを分かつ境はいまや曖昧模糊。浄土や地獄も消え、生の手応えも稀薄。文化や歴史の昏がりに埋もれた境界の風景を掘り起こし、その意味を探る。

1549